KB235666

알면 거저 먹는 부동산세금 깐깐하게 줄여라

알면 거저 먹는 부동산세금 깐깐 하게 줄여라

공인회계사 김기풍 지음

이코노믹북스

알면 거저 먹는 부동산세금 깐깐하게 줄여라

초판 1쇄 인쇄일 | 2004년 12월 20일
초판 1쇄 발행일 | 2004년 12월 25일

지은이 | 김기풍
발행인 | 유창언
발행처 | 이코노믹북스
기 획 | 한성출판기획(www.ibook4u.co.kr)

출판등록 | 1994년 6월 9일
등록번호 | 제10-991호

주소 | 서울시 마포구 서교동 463-28 공암빌딩 301호
전화 | 335-7353~4
팩스 | 325-4305
e-mail | pub95@hanmail.net
        pub95@chollian.net

ISBN 89-5775-082-7 03320

값 10,000원

※ 잘못 만들어진 책은 구입처에서 교환해 드립니다.

필자는 지난 십 수년 동안 부동산 양도·상속·증여 등 주로 부동산 분야에 관한 상담과 실무를 직접 수행해 왔다. 그러면서 우리 보통 사람들 중에는 자신의 소중한 재산을 세금으로 낭비하는 사람이 많다는 사실을 절실히 깨달았다. 세법에 대한 아주 작은 관심에 몇 가지 지식을 보태기만 하면 우리의 귀중한 재산을 지킬 수 있는데도 말이다.

이에 필자는 보통 시민들이 세금에 관심을 갖게 되어 세금 관련 기본 지식을 습득할 기회를 제공해야겠다고 마음먹었다. 이런 결심은 오랫동안 필자의 마음을 무겁게 짓눌렀다.

그리고 이제야 그 동안의 실무 경험과 대학에서 연구하고 강의했던 자료를 바탕으로 우리 보통 사람들을 위한 세법 안내서를 완성했다. 이 책을 통해 대한민국 국민이면 누구나 부자로 가는 절세의 비결을 터득할 수 있기를 기대한다.

우리는 세금 관련 문제를 대부분 사후 조치 성격으로 생각한다. 때문에 한국 고유의 특성인 개인적 커넥션을 이용하여 해결 방도를 모색하려하고 합리적인 절세 방법을 연구하고 발전시키려는 노력이 부족했다.

그러나 시대는 변했고 세정 당국이나 국민정서 또한 변하고 있다. 이러한 시대 변화에 우리는 적극적으로 대응해야 한다. 이에 필자는 사전에 치밀한 세무계획과 절세전략을 수립해 재무·투자·소득 창출 등 전반적인 경제활동에 활용할 수 있는 진정한 의미의 절세 방법을 제시하고자 한다.

세금 문제는 세법을 이해하고 관련된 지식을 갖추지 않고는 해결할 수 없다. 그러나 흔히 생각하듯 세법 규정이 매우 복잡하기 때문에 그 취지를 이해하는 일 또한 쉽지 않다. 이러한 특징 때문에 일반인들이 세법을 멀리했고, 필자 역시 어떻게 해야 쉽고 알찬 세법 안내서를 쓸 수 있는지 집필하는 내내 골머리를 앓았다.

그래서 이 책에서는 생활용어를 주로 활용하여 이웃집 아저씨에게 혹은 친구에게 이야기하듯이 자연스럽게 세법을 설명하도록 애를 썼다. 그 과정에서 독자에게 지속적인 흥미를 돋우려고 나름대로 재미있는 대화체 문구를 최대로 이용했다.

대화체 형식이든 에피소드 형식이든 세금 문제는 필자가 고객과 상담한 내용이나 실제로 처리했던 업무를 바탕으로 이야기를 끌어 나갔다.

그 이외에 세금 다툼에 관한 사례는 법원이나 국세심판원 및 국세청의 최신 판례와 심판·심사청구 결과 등 납세자가 실제로 사법, 행정당국에 제소한 조세 불복 사건 중 일반인이 흔히 겪게 될 만한 사건을 발췌했다.

본서는 세금 문제를 합리적으로 이해하고 대응함으로써 궁극적으로는 절세의 고지를 점령하고 싶은 의지가 충만한 보통 시민을 위해 저술되었다. 물론 금융기관, 특히 개인고객을 전담하여 그들의 자산을 종합적으로 관리해 주는 PB나 FP 요원들에게도 좋은 참고서가 될 수 있을 것이다.

끝으로 본서의 집필 방향에 많은 애정을 가지고 조언해 주신 개인자산 관리 전문회사인 네오머니 주식회사의 김문성 사장 외 임직원에게 깊은 고마움을 표한다.

2004년 12월

김기풍

CONTENTS

제5장 실가신고 이용한 절세전략

제3부 상속세 및 증여세대첩

제3장 증여세 절세대첩

제4장 자금출처 조사

제4부 해외 이주자의 세무전략

제1장 해외 이주자를 위한 세무전략

제1부

부동산 취득 운용시 세무전략

제1절 부자가 되는 세금학 원론

세금관리가 재산관리의 첫 걸음

경제활동의 목표는 가처분소득의 극대화

기업 조직이나 개인의 가계 살림살이나 경제활동의 궁극적 목표는 개인의 욕망에 따라 자유롭게 사용할 수 있는 가처분소득의 극대화이다. 기업은 극대화된 가처분소득을 통해 소유주인 주주에 대한 배당 책무를 이행할 수 있다.

뿐만 아니라 미래에 초과수익을 기대할 수 있는 투자기회를 활용할 수 있는 투자재원으로 사내에 유보할 자금의 원천을 마련하기도 한다. 가계 또한 가처분소득의 용도는 기업과 별반 다르지 않다.

가처분소득은 창출된 소득에서 세금을 뺀 금액으로 결정된다. 기업의 경우 세금을 최소화하기 위한 세무전략이 경영전략의 한 부분으로 자리

잡은 지 오래이다.

그러나 우리의 눈을 가계로 돌려보자. 아직도 대부분의 가계에서는 세금을 확정적인 고정비 성격의 지출비용으로 보고 있는 것이 현실이다. 세무서나 구청에서 날라 오는 고지서만 받아 들고 은행에 제 날짜에 내기만 하면 끝나는 것으로 생각하는 것이 이 같은 시각에서 비롯된다. 결국 가계에서의 세금관리는 절세 차원이 아닌 단순한 가산세 관리 차원이라고나 해야 적합할 것 같다.

세금은 고정비도 아니며 더욱이 우리가 목표로 하는 세금관리는 수동적인 가산세 관리가 결코 아니다. 세금이란 얼마든지 통제 가능한 비용으로 변환시킬 수 있다는 조금 더 적극적인 인식의 전환이 필요하다.

세금은 확정적이고 통제 불능하다는 고정적 사고에서 탈피해 세법에 대한 이해와 관심, 적극적인 근면성이 보태진다면 주머니에서 빠져나가는 귀중한 돈을, 우리의 재산을 충분히 지킬 수 있다. 우리의 재산을 보호할 수 있도록 세금관리에 기본적으로 필요한 두 가지 사항을 다음에 제시하고자 한다.

세금, 아는 만큼 줄일 수 있다

세금제도에는 일정한 메커니즘이 있다

절세 방안을 찾기 위한 접근 방법은 세금제도를 정확히 이해하는 데서 출발한다. 기본적인 세금 지식과 이해의 틀 속에서 가계 운영 계획이 마련되고 집행이 이루어져야 하기 때문이다.

기업의 경우 매년 경영 계획을 세우고 그 계획에 따라 그 해의 투자와 재무의 운용 계획을 수립한다. 이러한 세부 계획에 있어서 발생할 수 있는 세무상의 문제점과 그로 인한 효과를 개별적인 투자나 재무운용 계획에 직접적으로 반영한다.

그럼으로써 계획의 실행 여부나 계획을 실행한 경우에 나타난 결과를 사후적으로 평가하는 관리적 측면에서도 세무관리를 적극적으로 활용한다.

가계 경제단위 또한 기업과 그 규모 면에서만 차이가 있을 뿐, 투자나 재무 활동에 세금이 미치는 영향은 크게 다르지 않다.

가계에서 주택을 장만한다든가, 여유자금으로 부동산이나 금융자산에 투자한다든가 하는 투자 활동에는 반드시 세금을 고려해야 한다는 것은 새삼 강조할 필요가 없다.

세금제도에는 일정한 메커니즘이 있다. 모든 부동산에 관련된 세금은 공시지가에서 출발한다. 공시지가가 직접적으로 세액산출의 기준이 되는 과세표준을 결정하는 핵심 요소가 되기도 하며(양도·상속·증여세 등), 공시지가를 어느 정도 기술적으로 조정하여 과세표준에 인용 세금을 부과하기도 한다(취득세·등록세·종합토지세 등 대부분의 지방세).

따라서 세금전략을 수립하기에 앞서 세금제도의 메커니즘을 반드시 이해하고 넘어가야 한다.

제도의 메커니즘을 이용하라

제도의 메커니즘을 이해한 후에는 세금을 재산관리에 최대한 활용해야 한다. 우선 소유하고 있는 자산 포트폴리오 중에서 세금제도의 영향을 가장 크게 받는 자산이 무엇인지를 파악하여 그로 인한 영향을 최소화할 수 있는 방도를 모색해야 한다.

일례로 양도소득세의 경우 계산 구조는 물론, 양도가액이나 취득가액의 결정기준이 되는 공시지가 그 자체도 이해해야 한다. 공시지가는 누가 결정하며, 그 결정 절차나 과정에 착오나 오류 등이 없었는가 하는 합리적인 의문을 지녀야 하는 것이다.

가령 양도소득세가 기대 이상으로 과다하게 부과되어 그 원인을 찾아 분석하여 보니 공시지가의 과대한 인상 때문이었다면 양도소득세의 적부를 과세관청인 세무서를 상대로 다툰다는 것은 실효가 없다. 과세당국은 양도차익의 산정기준이 되는 공시지가에 의거 적법하고 정확하게 세액을 계산하여 세금을 부과했다고 답변할 것이기 때문이다.

이 경우 공시지가의 고시 자체의 문제는 과세관청이 아닌 공시지가 결정기관과 공시지가의 산정 과정이나 절차의 적법성 등에 대해 불복청구를 제기해야만 세금을 관리할 수 있다. 이러한 과정에서 제도의 메커니즘을 이해하고 이를 토대로 한 절세전략 등의 좀더 실체적인 방안을 얻기 위해서는 세무 전문가를 십분 활용하는 것도 참고할 만하다.

세금은 우리가 충분히 통제 가능한 비용이므로 세금을 앉아서 기다리지 말아야 한다. 누구나 세금을 적게 낼 권리가 있다. 그 권리는 사전적으로 완벽하게 준비된 세무전략에서 나온다.

제2절 등기비용 줄이기

누구 이름으로 살 것인가

순간의 선택이 평생을 좌우한다

부동산에 투자한다고 몇 날 며칠을 생각하고 또 생각한 후에 드디어 투자결정을 내려 부동산 중개업소에서 계약서를 쓰며 혼자 가슴 설렌다.

공인중개사가 묻는다.

"사장님, 존함이?"

순간, 이걸 누구 이름으로 하나 하는 생각이 든다.

누구 명의로 등기를 하여야 할지 해답이 선뜻 안 떠오른다.

나는 서초동에 아파트가 있고 아내는 개포동의 저층아파트를 벌써 십 수년째 소유하고 있다. 큰아들의 나이가 어려 자금출처에 문제가 걸릴 공산이 크다.

잠시 머뭇거리자, 중개업소 사장 왈 "일단 사장님 앞으로 계약서 쓰고 잔금 치르기 전까지 결정하여 알려 주십시오." 한다. 나도 특별히 좋은 생각이 안 떠올라 "예, 그렇게 하지요." 했다.

집을 한 채 이상 가지고 있는 사람이라면 아마도 투자 목적으로 부동산을 취득한다고 할 때 이 같은 고민을 잠시나마 했으리라. 그야말로 어느 광고회사의 카피처럼 '순간의 선택이 10년을 좌우' 하기 때문이다.

소유권 등기를 실제 소유자와 혈연관계가 전혀 없는 남남으로 하지는 않더라도 함께 살고 있는 자기 피붙이에게 등기를 하려고 해도 생각만큼 그리 간단한 문제는 아니다.

1세대 2주택에 혹시 걸리지는 않는가, 자금출처는 별 문제가 없는가, 연로하신 부모님 앞으로 했을 경우 상속세 등이 늘어나거나 형제들 간에 괜한 상속문제로 불씨가 되지는 않을까 등 끝없는 고민이 이어지기 마련이다. 이같이 부동산 명의를 결정하기 곤란한 경우에 적용되는 기본적인 절세 원칙 세 가지를 세워 보면 다음과 같다.

취득 목적을 생각한다

부동산 취득 목적이 소유재산 중 일부를 아내 앞으로 하여 사랑도 받고 만일의 사업상 실패 등 예기치 않은 사태에 자신의 가정을 안전하게 보호할 목적이라면 아내 명의로 한다.

현재 대학이나 군에 간 자식이 있어 가까운 미래에 자녀의 결혼을 대비해 집을 마련해 줄 목적이라면 자녀의 이름으로 취득하면 된다.

이때 발생할 수 있는 약간의 증여세는 미래에 자녀들이 결혼할 때 가격이 상당히 인상된 아파트를 구입해 줄 경우 그에 대한 증여세를 부담하는 것보다는, 현 시점의 증여세가 훨씬 저렴할 것이므로 증여세를 절감할 수 있다는 측면으로 이해하면 크게 염려하지는 않아도 된다.

자금출처 가능 여부를 고려한다

부동산 취득에는 실질적인 자금지출이 소요되기 때문에 자금출처 입증 여부가 누구 명의로 등기할 것인가를 결정하는 결정적인 요소가 될 수 있다. 자칫하다간 자금출처 불명으로 증여세를 내야 하기 때문이다.

따라서 미성년자나 연세가 아주 많고 실제적으로 경제력이 없는 연로자 같은 사람 앞으로 부동산을 등기하는 것은 한 번 더 재고해야 한다.

언제나 세금이 최소화되는 길을 택한다

마지막으로 검토하여야 할 것은 누구 이름으로 등기를 하는 것이 세금이 가장 적은가 하는 점이다. 여기서 세금이란 자금출처를 입증하지 못해 물게 될 증여세에만 국한하는 것이 아니다.

부동산을 일단 취득한 후 장래에 양도할 시점에서 발생할 양도소득세나 상속세, 부동산 보유에서 발생하는 각종 지방세나 의료보험료, 국민

연금 등 제세공과금까지도 종합해 전체적인 세금 관련 비용이 최소화가
되는 사람으로 결정해야 한다.

국민연금이나 의료보험료 등을 고려해야 하는 이유는 부동산 등 재산
보유 상태에 따라 국민연금과 의료보험료의 액수가 인상되기 때문이다.

등기비용 줄이기

등기비용은 무조건 줄여야 한다

잔금을 치른 다음 첫 번째 들어가는 돈이 등기비용이다. 일반적으로 3
억에서 4억 원 정도의 부동산을 매입했을 경우 등기비용은 1,000만 원을
웃돌고 거기에 취득세까지 생각하면 거의 2,000만 원 정도는 소요된다.

등기비용을 절감하는 것을 간과해서는 안 되는 이유가 바로 여기에 있
다. 그렇다면 어떻게 하면 등기비용을 절감할 수 있는가. 먼저 등기비용
의 구성 항목을 자세히 살펴보면 길이 보인다.

등기비용은 ▲등록세와 교육세 ▲검인계약서 작성 신고 ▲인지세 ▲
채권매입 ▲법무사 수수료로 구성되어 있다. 이 비용 중에서 등록세가
가장 금액이 크다. 등기절차를 마친 후에 ▲취득세를 납부해야 한다는
것도 잊지 말아야 한다.

등기비용을 절감하기 위해서는 등록세 결정 기준을 알아보는 것이 지
름길이다. 등록세를 관장하는 일선 시·군·구청 세무과 직원의 설명을
들어 보자.

"등록세는 부동산, 자동차, 건설용 중장비 등의 소유권이나 전세권, 근
저당권 등을 관할관청에 등기하거나 등록할 때 납부하는 지방세이다. 등

록세의 과세표준은 납세자가 신고한 신고가액을 기준으로 한다.

신고가액은 본인이나 본인의 대리인인 법무사가 일선 시·군·구청에 와서 거래한 매매계약서를 제출하면 우리가 그 계약서에 일선 시·군·구청장 직인을 날인하고 그 금액을 기준으로 등록세 고지서를 발행한다. 이때 구청장 직인이 찍힌 계약서를 검인계약서라고 한다.

만일 신고가 없거나 신고가액이 시가표준액보다 적을 경우 시가표준액으로 산정한다. 상속 증여 등 무상으로 취득한 부동산도 시가표준액으로 과세한다.

등록세의 과세표준은 등기 종류에 따라 다르다. 그러나 집이나 상가건물 등 일반적인 부동산을 구입하고 소유권 등기를 하는 것은 3%의 등록세 세율이 적용된다. 등록세 이외에 취득세도 검인계약서에 기재된 신고가액을 기준으로 세금이 부과된다."

검인계약서 따라 세금 들쭉날쭉

결론적으로 등기비용에서 가장 금액이 큰 것은 등록세이고 이것은 신고한 계약서 금액을 기준한다.

관행적으로 법무사 사무실에서 구청에 신고하는 금액은 실제 매매된 금액이 아니라 아파트의 경우 국세청 기준시가, 단독주택이나 상가건물 등 토지 부분은 개별공시지가로, 건물 부분은 지방세 시가표준액을 기준으로 각각 계산해 토지 부분과 건물 부분을 합계 신고하는 경우가 많다.

이러한 이유로 동일한 부동산을 같은 금액에 구입했다고 해도 등기비용에서는 법무사 사무실에 따라 어느 정도 차이가 발생한다. 법무사 사무실마다 동일한 금액에 취득한 부동산이라 해도 구청 세무과에 신고하는 검인계약서 금액이 다소간 차이가 발생하기 때문이다.

한편, 구청에 신고한 금액을 기준으로 취득세도 부과되므로 검인계약
서 작성에 다시 한 번 주의를 기울여야 한다.

등기관련 세율

구청에서 보내온 등록세와 취득세 세율표
중 우리에게 관심이 높은 부분만 추려 보면 다음과 같다.

등록세

권리 및 등기구분	등기 원인	부동산 종류	과세표준	세 율
소 유 권	매매, 교환	농　　　지	신고가액	1%
		일반 부동산	신고가액	3%
	증　　　여	모든 부동산	시가표준	1.5%
	상　　　속	농　　　지	시가표준	0.3%
		일반 부동산	시가표준	0.8%
	보　　　존	모든 부동산	신고가액	0.8%
	공유물분할	모든 부동산	신고가액	0.3%
전 세 권	설　　　정		전세금액	0.2%
가 등 기		모든 부동산	신고금액	0.2%

주) 과세표준은 납세자의 신고가액을 원칙으로 한다. 다만 신고가액이 시가표준액
　　에 미달할 경우는 시가표준액으로 한다.

교육세

등록세의 20%를 등록세 납부서에 부가하여 고지한다.

등록세와 교육세의 납부 시기

부동산 등기를 신청하는 시점

취득세

취 득 물 건	과 세 표 준	세 율
부동산과 골프 · 콘도회원권	신 고 가 액	2%
별장 · 고급 주택 · 고급 오락장 등	신 고 가 액	10%

농어촌특별세

취득세의 10%를 취득세 납부서에 부가하여 고지한다.

취득세와 농특세의 납부 시기

부동산취득일(잔금일)로부터 30일

소형주택의 등기비용 감면

"서민주택 등 소형주택을 취득한 경우에 등록세를 감면하여 준다는 제도가 있다고 들었는데 자세한 설명을 듣고 싶습니다."

"예, 물론 있습니다. 그러나 아무리 작더라도 단독주택은 적용이 안 되니 저도 안타까울 따름입니다. 달동네에 게딱지만한 집 한 칸 마련한 서민에게는 등기비용을 꼬박꼬박 받으면서, 역삼동에 땅 사서 원룸주택 10여 가구 이상 들어가는 커다란 다세대 주택을 짓는 박 사장한테는 등기비를 받지 않으니 허 참……. 부자 아빠가 되는 길은 정부의 정책방향을 재빨리 파악해 따라가든 아니면 앞서 가든 해야 하나 봐요. 좌우간 2004년도 현재 시행되고 있는 서울특별시 시세 감면조례를 함께 펼쳐보지요."

다세대 건축주에 대한 감면

분양할 목적으로 전용면적 60㎡(18평) 이하의 아파트나 연립주택, 다세대주택을 5세대 이상 건축해 준공일(사용승인서교부일) 이전에 관할 세무서에 주택신축 분양업을 목적으로 사업자등록을 하면 세금의 감면을 받을 수 있다.

이때 감면혜택은 보존 등기를 할 때 부담하는 등록세와 취득세 전액이다. 다만 준공일부터 두 달 이내에 보존 등기를 해야 한다.

무주택자의 주택에 대한 감면

무주택자가 주택에 대한 감면을 받는 것은 소형주택을 처음으로 분양받거나, 1가구 1주택자라도 신규 분양받은 소형주택을 취득한 날로부터 30일 이내에 종전 주택을 매각한 경우에만 해당한다.

다만 전용면적 40㎡(12평) 이하는 등록세와 취득세 전액을 면제받을 수 있다. 60㎡(18평) 이하는 각각 50%를 감면받는다. 그러나 이 경우도 공동주택을 취득한 날부터 두 달 이내에 반드시 등기를 해야 하는 단서

조항이 따른다.

임대주택에 대한 등기비용 감면

정부의 기본적인 주택정책 방향은 소형임대주택을 대규모로 지어 서민 주거생활의 안정화를 도모한다는 취지이다. 때문에 건설임대주택 사업자나 매입임대주택 사업자에게 무주택자가 소형주택을 취득하는 것보다 더 많은 세제지원을 하고 있다.

또 하나의 알짜배기 정보는 임대주택 사업자에게 임대주택을 팔았을 때 발생하는 양도소득세를 면제해 준다는 세법규정도 있다는 점이다. 소형주택을 직접 건축해 임대하거나(건설임대사업자라 함) 임대할 목적으로 공동주택을 처음으로 분양받아 임대하면(매입임대사업자라 함) 세금을 감면받는다.

감면 요건과 감면율은 다음과 같다.

감면 요건

건설임대사업자는 임대주택의 건축허가를 받고 주소지 관할구청 주택과에 준공일(사용승인서 교부일) 이전에 임대주택법에 정한 등록요건을 구비해 임대사업자로 등록해야 한다. 이때는 반드시 임대주택의 준공일부터 두 달 이내에 반드시 보존 등기를 마쳐야 혜택을 받을 수 있다.

매입임대사업자는 공동주택을 신규 분양받아 잔금을 지급하기 전날까지 주소지 관할구청에 임대사업자 등록을 해야 한다. 이 경우도 잔금일로부터 두 달 이내에 소유권 이전등기를 반드시 해야 한다.

　가. 전용면적 40㎡ 이하의 영구임대주택 : 등록세, 취득세, 도시계획세,
　　　공동시설세, 재산세, 종합토지세 모두 면제

　나. 전용면적 60㎡ 이하의 영구임대주택 : 등록세, 취득세, 도시계획세,
　　　공동시설세 면제

　다. 전용면적 60㎡ 이하 : 등록세, 취득세는 100%, 재산세는 50% 감면

　라. 전용면적 85㎡ 이하 : 등록세와 취득세만 50% 감면

분양받거나 경매로 사면 등기비 '왕창'

경매, 낙찰가 기준 등기비용 적용

아파트나 오피스텔 등 부동산을 개인으로부터 취득하는 것과 건설회사나 법원 등 법인체나 공공기관에서 구입하는 것의 등기비용은 하늘과 땅만큼 차이가 난다.

등록세와 취득세는 본인이나 법무사가 구청에 신고한 검인계약서상 매매 금액에 달려 있다. 그리고 검인계약서에 기재된 신고금액은 국세청 기준시가나 공시지가를 참고로 해 신고하는 것이 오래 전부터의 관행 아닌 관행이다.

그러나 부동산을 회사나 법원, 금융기관 등으로부터 구입할 경우에는 실제 거래된 매매금액을 기준으로 등록세가 부과된다. 때문에 동일한 부동산을 개인에게서 구입한 경우보다 대략 50% 이상 등기비용이 증가할 수 있다. 바로 이 점이 우리가 고려해야 할 포인트다.

경매로 부동산을 취득할 경우 많은 입찰자들이 무조건 낙찰을 받기 위해 낙찰가만 높여 적는 경향이 있다. 하지만 이것은 잘못된 것이다.

이때는 반드시 낙찰가와 등기비용, 부동산 명도비용을 모두 고려해야만 경매로 인한 투자 수익성을 분석할 수가 있다는 사실을 기억해야 한다. 구체적인 사례를 들어 부동산 구입처에 따른 등기비용의 차이를 분석해 보자.

취득처별 부동산 취득시 등기비용 비교

가. 취득 부동산 : 서울시 강남구 대치동 은마 7동 7 X 호

나. 취득 금액 : 650,000,000원 (2003. 6월 실제 거래된 금액)

다. 국세청 기준시가 : 435,000,000원 (2003. 4. 30 고시. 2003. 6월 현재 적용)

라. 취득처별 등기비용 비고

세금 구분	세 율	분양·경매	개인취득	차 이
등 록 세	3%	9,500,000	13,050,000	6,450,000
교 육 세	0.6%	3,900,000	2,610,000	1,290,000
취 득 세	2%	13,000,000	8,700,000	4,300,000
농 특 세	0%	0	0	0
합 계	5.6%	36,400,000	24,360,000	12,040,000

1) 개인에게서 취득한 경우는 실제 거래금액에 관계없이 국세청 기준시가를 기준으로 검인계약서가 작성되어 구청에 신고되므로, 등록세 산출근거는 검인계약서 금액(4억 3,500만 원)의 3% = 13,050만 원이다.

2) 전용면적 85㎡ 이하의 국민주택으로 농특세는 비과세이다.

3) 등기비용은 위에서 예시한 항목을 제외하고도 검인계약서 금액을 기준으로 해

첨부하는 인지세와 국민주택채권 매입액이 추가로 있으나 여기에서는 설명의 편의상 생략했다.

국민주택인 34평 아파트 한 채를 매입하는데 위에 예시한 것처럼 등기비용이 무려 1,200만 원 이상 차이가 난다는 것은 경매나 법인체와의 거래에서 특별히 유념해야 할 또 하나의 포인트이다.

채권은 반드시 증권회사에 팔아라

사채시장보다 훨씬 유리

부동산을 구입하거나 신축해 소유권을 취득하거나, 전세권, 저당권 등에 대한 권리를 등기할 때는 국민주택채권을 반드시 매입해야만 한다. 채권을 매입하고 채권매입에 대한 증거로 채권매입필증을 등기소에 제출해야만 등기가 가능하다는 이유에서이다.

대부분의 사람들은 지난 시절 아파트 청약할 때 수천 만 원씩 써야만 간신히 당첨의 문턱을 기웃거려 볼 수 있는 채권만 생각했지, 등기할 때나 은행에서 대출받고 근저당 설정할 때 매입해야만 하는 채권에는 관심이 없다.

그러나 채권입찰제로 아파트를 매입하는 시대는 갔다. 따라서 우리가 매입해야만 하는 채권에 관심을 가져야 한다.

일반적으로 사람들은 등기업무를 법무사에게 전적으로 의뢰하기 때문에 정확히 채권을 얼마를 사는지, 그리고 팔았을 경우 할인율이 어떤지를 모른다.

법무사로부터 날라 온 등기비용 영수증을 보면 채권할인금액이 얼마라고 기록되어 있다. 이 금액은 법무사가 등기 신청에 필요한 국민주택 채권을 은행에서 액면가액으로 구입한 즉시 사채시장에서 판매한 금액과의 차액이다. 가령 채권을 300만 원에 구입하여 230만 원에 매각했다면 그 차이금액인 70만원(300-230)을 채권할인란에 기재해 청구하는 것이다.

그러므로 우리가 법무사에게 등기업무를 의뢰할 때에 채권을 매입하여 달라고만 의뢰한 후 채권실물을 수령해서 인근 증권회사에 매각 의뢰하면 사채시장보다는 훨씬 유리한 가격으로 팔 수 있다.

또한 증권회사에서 채권을 매각하고 받은 계산서는 부동산을 양도하고 실가신고를 할 경우 취득에 따른 부대비용으로 양도소득세에서 공제받을 수 있는 일석이조의 포인트이다.

채권, 얼마나 매입해야 등기되나

부동산별로 지방세 시가표준액의 일정 비율에 상당하는 채권을 매입해야 하는데 이때 채권금액은 대략 시가표준액의 2~7% 정도가 된다.

예를 들어 서울시 송파구 석촌동 ○○○에 있는 나대지 50평을 2억 8,000만 원에 구입해 송파등기소에 등기신청을 의뢰했을 경우, 매입해야 할 주택채권은 얼마나 될까.

등기할 부동산의 지방세 시가표준액을 알아 보라. 부동산 소재지와 부동산 면적을 토대로 관할구청 세무과나 인근 법무사에 문의하면 알 수 있다. 대략 토지의 시가표준액은 공시지가와 거의 같다. 공시지가가 2억 원이라고 하면 시가표준액도 2억 원이다.

다음의 채권매입률표 「(2)주거용 건축물 이외의 부동산」에서 시가표준액 1억 원 이상 지역은 서울을 보면 매입률이 5%라는 것을 알 수 있다.

시가표준액에 매입률을 곱하면 2억 원×5%=1,000만 원에 상당하는 채권을 매입해야 한다.

〈국민주택 채권매입률표〉

(1) 주거용 건축물

시가 표준액	지 역	매입률	비 고
500만원 미만	전 국	면제	
500만~2000만 원 미만	전 국	2%	
2000만~3000만 원 미만	서울·광역시	3.5%	기타지역은 3%
3000만~4000만 원 미만	서울·광역시	4%	기타지역은 3.5%
4000만~5000만 원 미만	서울·광역시	5%	기타지역은 4.5%
5000만~1억 원 미만	서울·광역시	6%	기타지역은 5.5%
1억 원 이상	서울·광역시	7%	기타지역은 6.5%

(2) 토지와 주거용 건축물 이외 부동산

500만원 미만	전 국	면제	
500만~5000만 원 미만	서울 · 광역시	2.5%	기타지역은 2%
5000만~1억 원 미만	서울 · 광역시	4%	기타지역은 3.5%
1억 원 이상	서울 · 광역시	5%	기타지역은 4.5%

(3) 상속 · 증여 등에 의한 무상취득시 등기하는 부동산

1000만원 미만	전 국	면제	
1000만~3000만 원 미만	서울 · 광역시	2.5%	기타지역은 2%
3000만~1억 원 미만	서울 · 광역시	4%	기타지역은 3.5%
1억 원 이상	서울 · 광역시	6%	기타지역은 5.5%

혼자 해보는 등기비용 계산하기

앞부분에서 학습한 지식을 기초로 부동산 등기 비용을 직접 계산해 보자.

아파트 취득시의 등기비용

가. 취득 부동산 : 서울시 강남구 대치동 316 은마 7동 700호(34평)

나. 매매 계약일 : 2004. 5. 15

다. 잔금 완납일 : 2004. 6. 15

라. 매매 대금 : 650,000,000원

마. 국세청 기준시가 : 435,000,000원

바. 시가표준액 : 150,000,000원(토지시가표준 = 1억 원, 건물시가표준 = 5,000만 원 가정)

		국세청 기준시가 금액으로 검인계약서를 작성할 때 (=435,000,000)		국세청기준시가보다 10% 작게 쓴 경우 (=391,500,000)	
항 목	세 율	과세 표준	금 액	과세 표준	금 액
등 록 세	3%	435,000,000	13,050,000	391,500,000	11,745,000
교 육 세	20%	13,050,000	2,610,000	11,745,000	2,349,000
취 득 세[1]	2%	435,000,000	8,700,000	391,500,000	7,830,000
농 특 세	10%	국민주택은 비과세		국민주택은 비과세	
인 지 세[2]		435,000,000	150,000	391,500,000	150,000
채권매입[3]					
토 지	5%	100,000,000	5,000,000	100,000,000	5,000,000
건 물	6%	50,000,000	3,000,000	50,000,000	3,000,000
법무사수수료		사오십만원 내외		사오십만원 내외	
합 계		채권포함 32,510,000			30,074,000
		채권제외 24,510,000			22,074,000

1) 취득세는 잔금완납일인 2004년 5월 15일부터 30일 이내인 2004년 7월 14일까지 납부해야 한다.

2) 인지세법을 보면 부동산 매매계약서의 금액이 1억 원 초과 5억 원 이하면 15만 원의 인지를 첨부해야 한다.

3) 채권은 자금여유가 있다면 현재의 금융시장 환경을 분석해 채권금리가 하락하는 시점을 탐색한 다음 매각하거나 현재의 금리가 높은 상태라면 당분간은 보유하는 전략이 요구된다. 반면 긴급하게 현금화가 필요하다면 인근 증권회사에 매각하는 것이 좋다.

위의 두 가지 사례에서 보면 동일한 부동산을 같은 금액으로 취득했음에도 등기비용이 무려 243만 6,000원의 차이가 발생한다. 원인은 과세표준이 다르기 때문이다.

등록세의 과세표준은 본인이 구청에 신고한 검인계약서상의 금액으로 한다고 했다. 취득세의 경우도 마찬가지이다.

다만 신고가액이 없거나 지방세 시가표준액보다 작게 신고할 경우 신고금액을 무시하고 시가표준액을 과세표준으로 본다. 따라서 신고금액의 최저선은 시가표준액이다. 시가표준액을 1억 5,000원이라고 가정했기 때문에 이 금액이 신고의 최저선인 것이다.

상가건물 취득 시 등기비용

가. 취득 부동산 : 서울시 송파구 문정동 82-12 2층 상가건물

나. 상가 규모 : 토지 면적 = 132, 건물연면적 = 165 ㎡, 90년 준공

다. 매매 계약일 : 2004. 9. 15

라. 잔금 완납일 : 2004. 11. 15

마. 매매 대금 : 450,000,000원

바. 공시지가 : 1,990,000원(= 2004. 1. 1)

사. 건물시가표준액 : 22,000,000원

아. 토지시가표준 : 각자 계산

		시가 표준액으로 검인계약서 작성 (=284,600,000)		시가 표준액보다 10% 크게 쓴 경우 (=313,060,000)	
항 목	세 율	과세 표준	금 액	과세 표준	금 액
등 록 세	3%	284,600,000	8,538,000	313,060,000	9,391,800
교 육 세	20%	8,538,000	1,707,600	9,391,800	1,878,360
취 득 세	2%	284,600,000	5,692,000	313,060,000	6,261,200
농 특 세	10%	5,692,000	569,200	6,261,200	626,120
인 지 세		284,600,000	150,000	313,060,000	150,000
채권매입[1]	5%	284,600,000	14,230,000	284,600,000	14,230,000
합 계	채권 포함		30,886,800		32,537,480
	채권 제외		16,656,800		18,307,480

1) 채권 매입금액은 채권매입률이 주거용 건축물과 기타로 각각 구분되어 있으나 본 사례는 상가 건물이기 때문에 구분할 필요가 없다. 또한 채권 매입금액의 적용기준은 시가표준이므로 검인계약서상의 금액과도 관련이 없다.

시가표준액과 검인계약서 작성

시가표준액을 산출하는 공식은 '시가표준액 = 토지의 시가표준액+건물의 시가표준액'이다. 토지의 시가표준액은 '공시지가×적용비율×토지 면적'이고 2003년도 적용비율은 100%이므로 2억 6268만 원(199만 원×100%×132)이다.

결국 적용비율이 100%인 경우는 시가표준은 공시지가가 된다. 따라서 토지와 건물의 시가표준액은 2억 8468만 원(2억 6268만 원+2,200만 원)이 된다.

검인계약서를 작성할 때 지방세법상 등록세와 취득세의 최저 신고기준이 시가표준액이므로 구청에 신고되는 금액은 2억 8468만 원 이상에서 결정될 것이다.

최저 신고금액인 시가표준액으로도 신고할 수 있고, 시가표준액에서 10% 더 증액해 신고할 수도 있다. 이 경우는 신고가액이 3억 1306만 원(2억 8468만 원×1.1)이 될 것이다.

그러나 어느 경우든 실제 거래한 금액보다 상당히 적다. 결론적으로 검인계약서 작성에 따른 등기비용의 차이가 165만 원이 발생한다.

검인계약서 얼마로 쓰나

등기비용의 아킬레스건은 검인계약서를 얼마로 쓸 것인가 하는 점이다. 이 물음에 대한 답은 2002년 취득세·등록세(토지분) 적용비율 고시기준(행정자치부 2001년 11월 27일)에 포함된 내용을 보면 길이 보인다.

행정자치부가 2000년 1월 1일부터 2000년 9월 30일까지의 기간 중 전국에 신고된 검인계약서의 신고금액을 분석(개인간 거래만 대상으로)한 자료에 의하면 공시지가의 100% 이상으로 신고한 건수가 전체의 65.4%에 불과하다. 또 공시지가의 90% 이상으로 신고한 경우가 전체의 89.5%이다.

다시 말하면 전체 거래자의 89% 정도는 공시지가의 90% 정도로 신고하고 있으며 행자부 역시 그 정도 수준으로 신고한 납세자를 성실 신고자라고 표현하고 있다.

공시지가가 실제 거래되는 시가보다 약 60% 정도(현실화율이라 함)밖에 되지 않는다는 점을 고려해 볼 때 신고금액이 공시지가의 90% 정도라는 의미는 실제 매매금액의 50%를 약간 웃도는 선에서 신고가 이루어지고 있다는 것을 가리킨다.

그러나 2004년도부터 시행하기로 예정된 주택거래신고제와 실지거래
가액신고가 법정화된다면 취득세와 등록세 등 등기비용을 절세하는 데
한계가 있음을 유념해야 한다.

취득세도 줄이자

법무사가 보내준 소중한 등기서류 안에
있는 또 하나의 고지서—취득세. 납부기한은 잔금일로부터 30일. 등기를
마친 후에 반드시 점검해야 할 포인트가 취득세 납부이다.

일반적으로 법무사가 매매계약서를 구청에 검인신청을 할 때 구청 세
무과에서 취득세 고지서를 발급하므로 고지서에 기재되어 있는 납부기
한을 챙겨야 한다. 취득세는 어떠한 세금이며 과세대상과 과세표준 등이
무엇인지 간추려 보자.

취득세

취득세는 부동산 · 차량 · 중장비 · 골프 · 콘도회원권 등 지방세법의
취득세편에서 과세대상으로 정한 자산을 취득한 사람에게 부과하는 지
방세이다. 여기에서 말하는 취득이란 매매뿐만 아니라 교환, 상속, 증여,
건축 등에 의한 취득까지도 포함하는 의미이다.

취득세는 본인의 신고가액을 기준으로 과세한다. 검인계약서를 기초로 세금을 매긴다는 얘기이다. 하지만 과세대상을 경매나 법인회사, 정부단체 등으로부터 취득한 경우에는 그들과 실제 거래한 사실상의 매매금액을 과세표준으로 삼는다. 무상으로 취득한 증여의 경우는 매매가액이 있을 수 없으므로 지방세 시가표준액을 과표로 한다.

취득세는 30일 이내에 내야

취득세는 취득일로부터 30일 이내에 납부해야 한다. 그러나 상속으로 취득한 경우는 상속개시일(돌아가신 날)로부터 6개월 이내에 신고 · 납부하면 된다.

부동산을 상속받을 상속인이 확정되지 않은 때는 법적으로 상속받을 수 있는 권리가 있는 상속인들이 취득세 납세의무가 있다. 따라서 상속등기 여부에 관계없이 6개월 이내에 반드시 납부해야 가산세 부담을 회피할 수 있다.

취득세 납부기한을 계산할 때 적용되는 취득일은 매매로 취득한 경우 잔금지급일, 본인이 건축한 건축물의 경우 사용승인서 교부일이다. 다만 사용승인서 교부일 이전에 임시 사용승인을 받은 경우에는 임시 사용승인일이 취득일이 된다.

농어촌특별세도 추가로 내야 한다

농어촌특별세는 취득세 과세대상 자산을 취득하여 취득세를 납부해야 할 사람에게 취득세의 10%를 과세한다. 그러나 국민주택을 취득하는 경우에는 농특세를 비과세한다.

오피스텔 분양받고 세금 돌려받기

분양금액에 포함된 부가세 환급요령

요즈음 재테크라면 당연 부동산이다. 신규 아파트와 상가, 오피스텔 등은 그야말로 분양사무실이 문전성시를 이룬다고 한다. 이 점에 포인트를 맞춰 상가나 오피스텔 등 상업용 건물을 분양받은 사람이 반드시 알아야 할 절세 비법 한 가지를 공개하고자 한다.

상가, 오피스텔. 국민주택 초과 신규분양 아파트 등에서 분양금액을 살펴보면 ▲대지지분에 대한 가격인 토지가액 ▲건물지분에 대한 가격인 건물가액 ▲건물가액의 10%에 상당한 부가가치세 등 세 가지로 구성되어 있음을 발견할 수 있다.

이 중 건물가액의 10%인 부가가치세의 경우 분양계약자가 사업을 하는 사람이라면 세무서에서 그 금액을 돌려받을 수 있다. 분양계약자의 취득목적이 상가나 오피스텔을 분양받아 다른 사람에게 임대할 계획이라면 부가가치세법상 임대사업자에 해당하기 때문이다. 이럴 경우 일정한 요건을 거쳐 정해진 기간 안에 관할 세무서에 부가가치세 신고를 하면 부가세 환급이 가능하다. 관할 세무서(오피스텔 소재지)에 분양계약을 한 날로부터 20일 이내에 사업자등록 신청을 하고 오피스텔 분양회사에 분양대금을 납부하고 받은 세금계산서를 제출하면 부가세를 환급받을 수 있다.

이때 부가세 신고서에 환급받을 은행계좌번호를 기재하면 직접 해당 계좌에 송금되어 아주 편리하게 세금을 돌려받을 수 있다.

따라서 분양대금을 지급할 당시에 오피스텔 준공 후 자신이 직접 사용할지, 아니면 다른 사람에게 임대할 것인지 아직 결정되어 있지 않은 상황이라도 먼저 부동산 임대업으로 사업자등록 신청을 하고 부가세를 돌려받는 것이 좋다.

훗날 임대사업을 하지 않을 경우는 이미 받은 부가세에 약간의 이자만 붙여 세무서에 다시 돌려주면 된다. 자신이 지금 부가세를 환급받지 못하면 이 다음에는 기회가 없다. 아직 사업자 등록 신청을 하지 않았다면 오늘 당장 하기 바란다.

관광지 오피스텔 까딱하면 취득세 '피박'

산 좋고 물 좋은 강원도 속초. 설악의 멧부리와 동해의 푸른 물결이 나를 부르는구나.

속초에는 유난히도 오피스텔이 많다. 비즈니스는 많은데 사무실이 부족해서 그런지도 모르겠다. 일부는 사무실일 테지만 나머지는 속초를 진정으로 사랑하는 외지인의 자가 호텔일 것이다.

40대 모 회사의 중간관리자인 황 부장은 어느 날 신문에 난 분양광고를 보고 탁 결정했다. 마음 설레는 속초의 호텔 같은, 나만의 콘도 오피스텔을 사기로.

그후 처음에는 한 달에 서너 번, 바쁠 때는 한두 번씩 오피스텔에서 아이들, 아내, 친구들과 정말 멋있는 주말을 보냈다.

그러던 어느 날 속초시청에서 웬 우편물이 도착했다. 취득세를 내라는 것이다. 황 부장은 '취득세는 오피스텔 잔금 주고 등기할 때 모두 냈는데' 하고 의아심을 품었다. 이 시점에서 조그만 더 자세하게 취득세에 대하여 알아보자.

취득세가 중과세되는 이유

지방세법에서는 국민생활의 건전화(?)를 도모한다는 취지로 사치성 재산의 취득을 억제하기 위해 별장·고급오락장·고급주택 등을 사치성 재산으로 규정하고 있다.

만일 이 재산을 취득한 경우 취득세의 일반세율인 2%에 비해 무려 다섯 배인 10%를 과세한다. 이때 종합토지세와 재산세도 덩달아 중과세한다.

오피스텔이 무슨 사치성 재산?

황 부장의 경우 속초에 사놓은 오피스텔을 한 달에 두세 번 정도 가족이나 친구들과 함께 이용했다. 그들과 이야기도 하고 카드놀이도 하면서. 물론 주중에는 아무도 이용하는 사람이 없었다.

지방세법의 취득세편 세율은 별장을 '주거용 건축물로서 상시 주거용으로 사용하지 아니하고 휴양·피서·위락 등의 용도로 사용하는 건축물'이라고 규정하고 '주거와 주거 이외의 용도로 겸용할 수 있도록 건축된 오피스텔 또는 이와 유사한 건축물은 사업자 등록증 등에 의하여 사업장으로 하고 있음이 확인되지 아니하는 것은 이를 별장으로 본다'라고 정의하고 있다.

결론은 의외로 쉽고도 간단하다. 별장에 대한 지방세법 규정이 이러하거늘, 우리의 대응전략은 오피스텔을 분양받자마자 부동산 임대사업자가 되든 아니면 자기가 사업을 직접 한다고 사업자등록을 신청하면 만사 OK다.

등기나 취득세를 제때 못 내면…

등기 제때 못하면 과태료 낸다

등기를 하고자 하는 사람은 등기신청서를 등기소에 접수하는 날까지 등록세를 납부해야 할 의무를 갖고 있다. 뒤집어 말하면 부동산 등을 취득하고 등기를 하지 않는다고 해서 등록세의 가산세를 부담하는 것은 아니다. 등록세의 납세의무는 등기를 신청하는 사람에게 있기 때문이다.

그러나 부동산 등기에 관한 특별조치법과 부동산 실소유자 등의 등기에 관한 법률(부동산실명법)에 의거 매매와 증여로 인한 소유권 이전의 경우 반드시 취득일(잔금일 또는 증여계약일)로부터 60일 이내에 등기신청을 해야 한다.

만일 이 기간을 지나게 되면 과태료를 부담하게 된다. 과태료는 부동산등기특별조치법에 의해 행정자치부 장관이 만든 등기지연 과태료 부과 징수규칙에 따른다.

등기 지연기간별 과태료(1998. 12. 7 개정되어 2004. 3. 1 현재 시행)

등기신청 지연기간	과 태 료
2개월 미만	등록세의 5%
2개월 이상~5개월 미만	등록세의 15%
5개월 이상~8개월 미만	등록세의 20%
8개월 이상~12개월 미만	등록세의 25%
12개월 이상	등록세의 30%

취득세 제때 못 내면 가산세 낸다

취득세의 납부기한은 취득일부터 30일이다. 상속으로 부동산을 취득한 경우에는 상속개시일부터 6개월 이내에 신고·납부해야 한다.

상속재산을 둘러싸고 재산분할에 합의가 이루어지지 않는다 해도 이 기간 내에는 반드시 상속인들이 연대하거나 대표자를 선임하여 신고해야만 한다. 이 기한이 경과하면 20%의 가산세를 부과한다.

제1절 건축물에 부과하는 재산세

주인은 자도 세금은 자지 않는다

납세의무자

집 주인은 자도 세금은 자지 않는다. 그렇다. 재산세는 과세대상 자산인 건축물을 소유하고 있는 동안 매년 과세되는 보유과세다.

과세기준일인 매년 5월 1일 현재 과세대장에 등재된 소유자가 재산세의 납세의무자가 된다. 그러나 권리의 양도 등으로 비록 재산세 과세대장에 등재되어 있지 않더라도 사실상의 소유자가 세금을 부담한다.

국가·지방자치단체로부터 부동산을 매년 일정액으로 나눠 내는 연부형식으로 매매계약을 체결하고 그 사용권을 무상으로 받은 경우에도 매수계약자는 재산세 납세의무를 진다.

상속재산으로서 상속등기가 되어 있지 않고 사실상의 소유자도 신고되어 있지 않다면 주된 상속자가 납세의무자이다. 주된 상속자는 민법상 상속지분이 가장 큰 상속인을 말한다.

과세표준과 세율

재산세의 과세표준은 과세기준일인 매년 6월 1일 현재의 지방세 시가 표준액이다. 세율은 주거용 건물의 경우 최저 0.3%부터 최고 7%까지 누진 과세한다. 반면 일반건축물은 과표금액에 관계없이 0.3%의 단일세율이다.

(1) 주거용 건물의 세율표

과 세 표 준	세 율
1200만 원 이하	0.3%
1200~1600 이하	36,000 + 1200만 원 초과금액의 0.5%
1600~2200 이하	56,000 + 1600만 원 초과금액의 1%
2200~3000 이하	116,000 + 2200만 원 초과금액의 3%
3000~4000 이하	356,000 + 3000만 원 초과금액의 5%
4000만 원 초과	856,000 + 4000만 원 초과금액의 7%

(2) 일반 건축물은 과세표준에 관계없이 세율은 0.3%이다.

아파트 판 후 날라온 재산세, 누가 내나

아파트를 5월 20일에 계약, 6월 20일에 잔금을 치르고 가슴 벅찬 기분으로 새 집에 입주했는데 그 다음 날 재산세 고지서가 왔다면 누가 책임져야 할까. 이 문제를 해결하기 위해 재산세 관련 지방세법의 규정을 펼쳐 보자.

과세기준일

재산세의 과세기준일은 매년 6월 1일이다. 따라서 6월 1일 현재의 소유자가 재산세 납세의무자이다. 그러므로 6월 2일 이후에 건물을 취득한 사람은 당해연도의 재산세 납세의무가 없다.

그러나 '만사불여 튼튼' 이라고 했다. 재산세 과세기간 중 부동산 매매 계약을 하는 경우에는 반드시 단서조항에 재산세에 관한 위 법적 근거를 토대로 재산세 부담여부를 잔금일자를 기준으로 정확히 명시하는 것이 중요하다.

납부기한

재산세는 7월 16일부터 7월 31일까지 납부한다.

신고 여부

재산세 신고는 필요 없다. 구청에서 나온 고지서를 받아서 내면 되기 때문이다. 하지만 7월 20일 정도가 되어도 고지서가 도착하지 않는다면 구청 세무과나 동사무소에 전화를 해서 재발급을 받아야 한다.

재산세 고지서가 오지 않아서 세금을 못 낸 것이 납세자의 면책사유가
되지는 못한다. 훗날 미납부로 인한 가산세를 부담해야 한다.

취득세 박 쓴 오피스텔, 재산세도 박!

속초에 매입해 놓은 오피스텔이 별장이라
고 판단되어 취득세를 다섯 배나 내게 된 황 부장님. 이번에는 재산세도
피박 썼다.

재산세의 일반세율은 0.3%이지만 사치성 재산에 해당되는 별장과 고
급오락장(고급룸살롱·디스코텍 등), 고급주택 소유자는 재산세 세율이
무려 5%로 일반세율의 16배!

재산세를 16배나 뒤집어쓰는 사치성 재산에 별장 이외에 고급주택도
있으므로 그 기준을 알아보자. 참고로 이 기준은 지방세법에서 정한 것
이기 때문에 양도소득세에서 규정하는 소득세법상의 고가주택 기준과는
전혀 다르다는 것도 기억해야 한다.

사치성 재산에 속하는 고급주택

고급주택은 지방세법시행령 제84조의3 제2항에서 규정하고 있다. 이
규정을 보면 단독주택의 경우 ▲건물 연면적(주차장 면적은 빼고)이 331
㎡(100평)를 넘고, 시가표준액이 2,500만 원을 초과하는 주택 ▲건물의
대지면적이 662㎡(200평)를 넘고, 그 건물의 시가표준액이 2,500만 원을
초과하는 주택 ▲승강기·에스컬레이터 또는 67㎡ 이상의 풀장 중 1개
이상이 설치된 주택 등이 이에 해당한다.

공동주택의 경우에는 전용면적이 245㎡(74평, 복층형은 274㎡, 약 83평)를 초과하면 사치성 재산에 속한다.

고급주택에서 벗어나고파!

고급주택에서 벗어나는 방법은 없을까. 결론부터 말한다면 해법은 있다. 건물면적이 100평이 넘는 단독주택은 주차장 면적을 조금 확장하거나 일부를 용도변경하면 된다.

대지면적이 200평이 초과되어 고민하고 있다면 그중 몇 평만을 부모나 가까운 친지에게 팔거나 드려라. 이것도 저것도 안 되면 손쉽고 작은 공사를 벌여라. 취득일로부터 30일 내에 주거용이 아닌 용도로 사용하거나 고급주택이 아닌 용도로 사용하기 위해 용도변경 공사에 착공하는 경우에는 고급주택에서 제외되기 때문이다.

제2절 땅! 땅! 땅에는 종합토지세

종합토지세를 아시나요

언제 생겼나

88서울올림픽을 계기로 정말 불같이 타오르는 전국의 부동산 시장. 그중의 핵인 개발지역을 중심으로 폭등한 땅값. 아무도 못 말렸지.

그 어려운 시절, 투기 목적 토지의 과다보유 억제를 통한 지가 안정 및 토지의 수급균형을 도모한다는 거시경제적 차원에서 1990년 1월 1일부터 종전의 토지분 재산세와 토지과다 보유세를 통·폐합하여 탄생된 종합토지세.

무슨 세금인가

종합토지세는 한 개인이나 법인이 갖고 있는 전국에 소재하고 있는 모든 땅들을 파악해 일정한 과세기준에 의거, 토지 소재지의 시·군·구청에서 세금을 매기는 지방세이다.

종합토지세 역시 재산세와 마찬가지로 주인은 자도 자신은 결코 자지 않는 재산보유 세금이다. 그러므로 땅을 잘못 사면 값 떨어져 속상하고, 종합토지세 나와 속 터지는 것은 다반사. 여기에서 파생된 용어가 무수익 부동산이다.

누가 내나

과세기준일인 매년 6월 1일 현재 토지를 사실상 소유하고 있으면 세금을 내야 한다. 여기에서 우리는 사실상 소유자의 개념을 분명히 인식할 필요가 있다.

실제 땅을 팔았으나 매수인 사정으로 등기가 지연되어 있는 땅이거나, 자신이 종갓집 자손이어서 문중의 땅이 자신의 이름으로 등기되었다면, 이러한 사람은 종합토지세를 내야 할 납세의무가 없다. 만일 고지서가 나왔다면 일선 시·구·군청에 방문하거나 서면으로 그 사실을 증빙서류 첨부·제출해 적극적으로 소명하라.

세금 매기는 기준과 세율

전국에 본인이 소유하고 있는 모든 땅을 지방세법에서 정한 용도별로 구분하여 종합합산토지, 별도합산토지, 분리과세토지 등으로 나눈다. 그 다음 용도별로 구분된 토지별로 과세표준을 각각 산출한 후 여기에 세율을 곱해 세금을 계산한다.

신고 · 납부는 언제까지

종합토지세는 매년 6월 1일 현재의 토지소유자에게 10월 16일부터 10월 31일까지 납부하도록 토지 소재지 시 · 군 · 구청에서 고지서를 발송하고 있으므로 별도의 종합토지세 신고절차는 필요 없다.

종합토지세의 절세 대첩

자! 이제까지의 종합토지세에 대한 핵심적인 정보를 토대로 최소한의 희생을 감수하면서 세금을 최대한 절감할 수 있는 절세 대첩을 세워 보자.

과세자료 변동신고를 하라

종합토지세의 납세의무자는 6월 1일 현재의 사실상의 토지소유자이다. 본인이 그 기간 중 토지매매를 했다면 등기여부에 관계없이 잔금완납일을 기준으로 진짜 소유권자를 판단하여 과세자료 변동신고기간인 매년 6월 1일부터 6월 10일까지의 기간에 그 사실을 신고하라.

예컨대 매도계약을 5월 2일에 하고 잔금을 5월 31에 수령한 사람은 납세의무가 없다. 이 경우 본 건 토지의 6월 1일 현재의 토지 소유자는 매수인이기 때문이다.

그러나 일반적으로 등기하는 시간이 며칠 소요되기 때문에 구청의 과세대장에는 토지 소유자가 매도인으로 기재되어 땅 팔고 몇 달 뒤인 10월 중순에 종토세 고지서를 받게 된다. 이 경우 난감한 것은 자명한 일.

진짜 땅주인이 따로 있다면

종중 소유 토지를 자기 명의로 등기하고 있는 경우나 신탁법에 의해 비록 자기 이름으로 등기는 되어 있으나 위탁자의 자산인 경우도 6월 10일까지 토지소재지 관할 시 · 군 · 구청에 관련 증빙서류를 첨부하여 신고를 하라.

상속재산으로 아직 협의분할이 안 된 땅

집안 어른이 돌아가셔서 이미 상속은 개시됐으나 상속인 간에 상속재산에 관한 협의가 이루어지지 않아 상속등기를 안한 경우 신고를 하지 않는다면 민법상 상속지분이 가장 큰 주된 상속인의 재산으로 보아 합산 과세된다. 이러한 경우 위 기간 중 법정 상속권자 모두의 이름으로 신고하는 것이 바람직하다.

이의신청하라

토지 소재지의 관할 시 · 군 · 구청에 6월 10일까지 토지에 대한 사실관계를 신고했음에도 만족할 만한 답변을 얻지 못했다면 6월 16일부터 6월 25일까지 이의신청을 해야 한다.

이의신청 결과는 해당 시 · 군 · 구청에서 15일 이내에 통지해 준다. 지난해에 특히 잘못 과세된 사항이 있어 애먹은 사람은 올해 반드시 시정 여부를 점검해야 낭패를 면할 수 있다.

제3장 | 부동산 임대시 절세전략

제1절 조그만 회사 차려 임대사업하라

부자아빠가 회사 차린 이유

부동산 임대사업이 단순한 재테크 차원을 넘어 하나의 수익사업으로 급속하게 자리매김하고 있다. 부자아빠는 임대사업을 자신의 이름으로 직접 하지 않는다. 그는 회사를 차려 번듯한 부동산 임대회사로서 임대사업을 경영하고 있다.

회사를 차려 임대사업을 하는 것이 개인이 임대업을 하는 것과 비교해 여러 가지의 장점이 있다. 그중 중요한 몇 가지를 짚어보자.

누이 좋고 매부 좋고

부자아빠는 지난 달 숱하게 뛰어다닌 시간과 비용, 주위 사람들한테 잔금 치르느라 달러 빚내고, 꾼 돈에 대한 보상 한 푼 못 받고, 임대사업

한답시고 세무서에 꼬박꼬박 세금 바치고…….

이제 더 이상 그 짓 안 한다. 오늘 그는 임대회사 사장으로 당연히 월급받으면서 어제 했던 일을 오늘 하고 있다.

은행에서 대출받은 돈은 물론이고 친척이나 주위 친구들에게 중도금 때 사용하려고 빌린 돈도 차용증이나 달러이자 준 영수증 등 모든 것들을 꼼꼼히 챙겨 본다.

장부에 빼곡이 적기만 하면 세금공제받아서 좋고, 장부 적는 시간에 회사로부터 월급받아 좋고, 이것이야말로 누이 좋고 매부 좋은 일이 아닐까.

모두 공제받는다

임대사업을 법인체로 운영하면서 부동산 구입이나 건물의 수선유지 등에 수반되는 각종 자금을 외부에서 빌려온다면 그 차입처가 금융기관이든 개인이든 간에 관계없이 그 이자비용이 회사의 비용으로 인정된다.

게다가 그 동안 부동산 구입을 위해 중개업소로, 부동산 현장으로, 달려 가며 써버린 택시비나 기름값도 모두 회사경비에 속한다. 중개업소에 지출한 복비도 당연히 경비로 인정받는다.

반면 개인 자격으로 임대사업을 할 경우에는 금융기관 대출금 등 출처가 확실한 일부 비용을 제외하고는 경비로 인정받기가 그다지 용이하지는 않다.

임대회사의 임직원으로 월급도 받고

임대사업을 구상하는 계층은 대부분 직장에서 은퇴하고 받은 여유자금을 안전하게 운영하여 편안하고 경제적으로도 윤택한 노후를 원하는 연령층이 많다.

그러나 요즈음은 직장생활에 분주한 남편을 대신해 어느 정도의 씨드 머니를 갖고 자금 운영처를 찾는 중산층의 주부들도 이 대열에 합류하는 추세이다.

이들에게 임대회사는 매우 매력적이다. 이들이 현실적으로 직장에 자리를 잡아 재취직을 하기에는 연령, 기술, 능력, 시간 등 여러 면에서 충분하다고 보기는 쉽지 않기 때문이다.

이러한 면에서 임대회사를 차려 사장이나 이사로 번듯하게 취임해 보는 것도 좋은 대안이 아닐 수 없다. 임대소득이 획득되는 범위 안에서 월급도 받고, 약간의 기름값이나 전화비도 받으면 그에 따라 임대소득도 줄어들고, 소득이 줄면 세금은 더욱 더 줄어드는 등 일석다조(一石多鳥)의 효과를 얻을 수 있다.

세금이 개인보다 적다

임대사업은 법인으로

부동산 임대사업을 법인으로 하면 임대사업에서 벌어들인 임대소득에 대한 세금은 개인사업으로 하는 것보다 현저히 적다.

2004년 현재 법인세의 경우 소득금액 1억 원까지는 세율이 15%에 불과하다. 반면 개인사업자의 경우 소득금액이 1억 원이라면 종합소득세의 최고 세율인 36%를 부담하게 된다.

이때 임대업을 하는 건물주가 직장을 다닌다거나 다른 사업을 한다고 가정하면 임대소득과 직장 월급이나 다른 사업에서 번 소득이 모두 종합적으로 합산되어 세금이 더욱 늘어난다.

한마디 더하면 임대업을 부부공동 명의로 하고 남편은 직장이나 자영업을 한다고 가정하면 임대업을 하는 아내의 소득은 남편에게 합산된다. 부부소득을 합산하여 과세하는 제도가 2002년부터 폐지는 되었으나 임대사업을 부부 공동으로 하는 경우에는 예외적으로 합산한다.

임차인 관리도 쉽다

개인이 부동산 임대사업을 할 때의 가장 큰 애로점은 임차인 관리이다. 밀린 집세 받기와 임차인을 상대로 한 강제집행 등이 이에 해당한다.

임차인 관리가 신경 쓰이거나 자신이 없어 수익성 좋은 월세 임대를 포기하고 돈이 되지 않는 전세로 아파트나 상가를 빌려 주고 있는 사람을 주위에서 많이 보아 왔다.

이러한 경우에도 임대회사는 멋있는 대안이다. 매월 임차인 앞으로 임대료 청구 공문을 세금계산서를 첨부해 가칭 'ABC 부동산임대관리주식회사' 명의로 발송하고, 임대료를 지연 납부하는 임차인을 매월 체크해 임대회사 임직원이 정식으로 독촉이나 협조를 부탁해 보라.

아마도 개인이 밀린 월세 달라고 전화 통 붙잡고 임차인과 실랑이하는 것보다 훨씬 낫지 않은가. 당연히 임대인의 품위도 살릴 수 있다.

체계적·효율적 건물 유지보수 가능

임대부동산의 전기, 수도, 난방시설 등을 정기적으로 점검하거나 수선 유지 등이 필요한 경우에도 건물 유지 관리를 좀더 용이하게 할 수 있다.

임대회사가 건물 유지 보수를 전문으로 하는 회사와 법인업체끼리 상호 협조하거나 동등한 입장에서 계약을 체결하고 지속적인 거래관계를 유지하면 된다. 뿐만 아니라 유지 보수 비용도 절감할 수 있어 조직적이고 효율적으로 임대사업을 할 수 있다.

임대회사 차리기

조그만 회사 차리기 '정말 쉬워'

일반인들은 경험과 지식이 적어 회사를 설립한다는 것이 무척이나 어렵고 대단한 것이라고 생각한다. 다들 삼성전자나 현대건설과 같은 엄청나게 큰 회사만 보아서 그런가.

허나 사실은 무척이나 쉽고 간단하다. 돈과 시간이 그렇게 많이 필요하지도 않다. 설립비용과 시간은 자본금 5,000만 원을 기준으로 약 200만 원 이내면 족하다. 법인설립등기부터 시작해 등기부 등본을 받아 관할 세무서에 법인설립신고 및 사업자 등록신청을 하기까지 대략 1주일 내지 10일이면 충분하다.

조금 자세히 말하면 먼저 회사의 주인인 주주와 임원을 구성하라. 3인 이상으로 주주를 구성해 최저 자본금 5,000만 원 이상을 납입하고 3인 이상의 임원으로 대표이사, 이사, 감사를 선임하면 된다. 이때 주주와 임원을 겸임해도 아무런 문제는 없다.

그러나 현실적으로 부동산 임대사업을 하기 위해서는 5,000만 원의 자본금은 너무 적다. 실제적으로 개인이 단독으로 주택이나 상가를 취득해 임대한다고 할 때 필요한 투자액 이상은 자본금으로 납입해야 무난하다.

또한 이러한 뜻을 가진 사람을 한두 명 정도 규합한다고 하면 자본금 규모나 경영상의 노하우 등 시너지 효과를 극대화할 수도 있다.

주의할 것은 법인을 신설해 5년 이내에 서울과 수도권에서 부동산을 취득한다고 하면 등기비용이 일반세율보다 세 배가 중과세되는 지방세법상의 규정이 있다는 점이다.

이러한 등록세 중과규정을 피할 수 있는 방법은 애초 임대주택사업을 목적으로 하는 법인설립을 고려하는 것이다. 임대주택법의 요건에 부합하는 임대주택 법인에 대해서는 소형주택을 취득할 때 취득세와 등록세의 감면혜택이 있다. 주택 이외 상가를 임대할 경우에는 세금혜택이 없다.

임대사업 대상을 주로 상업용 건물로 삼겠다고 구상하고 있다면 서울 및 수도권에서의 임대사업은 신설법인보다는 5년 이상 경과된 회사를 선택하라. 현재 적자가 누적되어 거의 영업활동을 못하고 사실상 휴면상태에 있는 회사를 활용, 임대사업을 하면 설립비용을 피할 수 있고 부동산 취득에 따른 등록세의 중과세 규정에서 벗어날 수 있을 것이다.

임대회사를 처분하고 싶다?

자기가 갖고 있는 주식만 팔면 된다

임대회사를 운영하다가 어떤 시점에서 임대회사를 처분할 필요가 있다면 어떻게 처분하는 것이 좋을까. 지난 날 하듯이 평소 잘 알고 지내는 중개업소에 회사를 내놓을 것인가.

물론 틀린 대답은 아니다. 그러나 오늘은 파는 물건이 다르다. 임대회사 소유의 부동산을 매각하는 것이라면 부동산 중개업소에 매각을 의뢰하면 되지만 임대회사에서 완전히 손을 떼겠다면 회사를 매각해야 한다.

회사 매각은 결국 실체가 있는 주식을 양도하는 것으로 해결된다. 따라서 원매자를 탐색하여 소유하고 있는 주식을 모두 팔아 버리면 된다.

만일 임대회사를 3인이 공동으로 주주가 되어 경영하는 도중 어떤 사정으로 자신만 빠져 나오고 싶다면 자기 소유 주식을 나머지 2인의 주주에게 양도를 하든 아니면 제3의 인물에게 매각하든 주식양도에 전혀 제한을 받지 않는다. 이것이 오늘날 주식회사 제도의 가장 큰 장점 중의 하나로 인식되고 있는 주식양도의 자유이다.

주식을 팔고 주식양도소득세를 신고하라

주식을 처분했다면 주식대금을 모두 받은 날의 다음 다음 달(2개월)까지 주소지 소재 관할 세무서에 주식양도소득세를 신고한다.

임대회사는 증권거래소에 상장된 회사가 아니다. 때문에 주식양도소득에 대해 소득세법에서 정한 주식양도차익 계산방법으로 산출된 금액에 따라 양도소득세를 납부해야 한다.

이때 개인이 임대사업을 폐업하고 부동산을 처분할 때 내야 하는 부동산 양도소득세와 그 성격과 금액에 있어 상당한 차이가 발생한다.

주식양도소득, 절세의 길 많다

회사가 임대사업으로 벌어들인 소득이 있다면 그 금액이 회사 내에 유보되고 있어 당초 출자한 자본금 가액에서 유보 금액만큼 회사의 순자산 가치가 증가된다.

반대로 임대료 수입이 임대회사의 임직원의 인건비, 회사가 차입한 자금에 대한 차입금이자, 조세공과금, 수선유지비용, 부동산의 노후화에 따른 감가상각비 등 임대관련 제반비용보다도 작아 임대소득은커녕, 손실이 발생했다면 회사의 순자산가치가 그 금액만큼 감소한다.

이처럼 임대회사의 순자산가치의 변동이 반영되어 주식양도소득을 결정하기 때문에 부동산 양도소득세와 임대회사의 주식양도소득세 사이에는 차이가 발생한다.

일반적으로 임대회사의 주식을 처분하고 내는 주식양도소득세는 절세전략에 따라 내야 하는 세금의 크기가 부동산 양도소득세와 비교하면 훨씬 더 적을 수가 있다.

임대회사를 물려주고 싶다?

임대회사를 계속 운영하다가 어느 시기에 자신의 피붙이에게 넘겨주거나 물려줄 때가 오게 되면 어떻게 해야 할까. 먼저 넘겨주는 경우를 공부하고 두 번째로 사후에 물려주는 케이스도 배워 보자.

회사를 아들에게 넘겨주고 싶은데

임대회사를 넘겨준다는 것은 부자아빠의 주식을 증여한다는 것을 의미한다. 이때는 개인으로서 부동산 임대사업을 하고 그 부동산을 자녀에게 증여할 경우의 증여세와 회사의 주식을 넘겨줄 때의 증여세를 각각 비교해 보아야 한다.

개인 소유 부동산을 증여한다면 건물에 대해서는 지방세 시가표준액, 대지에 대해서는 공시지가를 적용해 재산을 평가하여 증여세를 과세한다.

하지만 임대회사의 주식은 비상장주식의 평가방법으로 계산하기 때문에 증여세 또한 단순히 부동산 증여에 대한 증여세와 그 성격과 금액에 차이가 발생한다.

회사를 물려주게 되었는데

부자아빠가 돌아가시면, 그의 회사는 처자식들이 물려받게 된다. 회사를 물려받는다는 것은 정확히 표현하면 그의 주식을 상속인인 처자식들이 상속받는다는 것을 뜻한다.

그렇다면 개인이 임대사업을 한 후 그 임대부동산을 처자식에게 상속할 때와 회사 소유의 임대부동산을 상속한다고 가정할 경우 상속세의 차이는 어떠할까.

이러한 경우에도 증여세의 경우와 동일하게 상속세도 달라진다. 상속된 임대부동산회사의 주식은 증여세의 평가방법과 동일하게 임대부동산의 자산가치만을 가지고 평가하는 것은 아니다.

회사의 순자산가치와 그 동안 영업성과가 반영된 수익가치를 고려해 평가해야 한다. 따라서 상속세 측면도 임대회사를 차려 임대업을 하고 미래에 회사를 물려주는 것이 개인이 임대사업을 하는 것보다는 유리한 것으로 판단된다.

회사의 경우 주식의 평가액은 회사의 순자산 구조나 경영성과 등 여러 가지 요인으로 인해 평가액이 변동될 수 있고 또한 이러한 요인은 상당한 정도까지도 경영자가 통제 가능하기 때문이다.

결론적으로 임대회사를 넘겨주거나 물려주는 경우를 가정하더라도 개인으로 임대업을 하는 것보다는 회사를 차려 임대사업을 하는 방안이 증여세와 상속세가 저렴하다고 이해할 수 있다.

땅이나 건물을 세준다면?

부가세

임대용 부동산을 취득하면 첫 번째로 할 일이 사업자등록 신청이다. 부가가치세법에 의하면 사업자등록은 사업을 개시한 날로부터 20일 이내에 부동산 소재지 관할 세무서에 임대업으로 신고하도록 되어 있다.

사업자등록 후 임대사업자는 주택을 제외한 모든 부동산의 임대에 대해 받은 임대료(임대보증금과 월 임대료)의 일정률에 해당하는 부가가치세를 신고 · 납부해야 한다. 부가세 신고기간과 납부해야 할 부가세는 사업자 유형에 따라 각각 다르다.

한편 주택임대에 대해서는 부가세를 과세하지 않는 면세제도가 운영되고 있어 주택만 임대하는 사업자는 부가세를 신고하고 납부할 의무는 없다.

종합소득세

임대사업을 하면 1년에 한 번씩 임대소득에 대한 세금을 납부한다. 회사를 차려 임대사업을 하는 경우에는 법인세가, 개인사업으로 하면 종합소득세가 과세된다. 이때 임대사업자 본인이나 배우자가 근로소득이나 여타 소득이 있다면 임대소득과 다른 소득이 합산되어 과세된다.

임대소득은 총수입금액에서 필요경비를 빼는 방법으로 산출된다. 여기에서 총수입금액이란 1년 간의 부동산임대료 총액을 의미한다.

임대료는 월세든 전세든 불문한다. 다만 전세의 경우 연간 임대료 계산은 전세보증금에 대한 1년 만기 정기예금 이자율을 고려하여 매년 국세청장이 고시하는 이자율로 한다.

필요경비는 임대사업을 하기 위해 필수적으로 지출되는 인건비, 수선유지비, 감가상각비 등의 경비를 뜻한다.

참고적으로 주택을 전세로만 임대하는 임대사업자는 종합소득세가 비과세된다. 지난 2001년도부터 비과세를 적용하기로 관련 소득세법이 개정됐기 때문이다.

제3절 부동산 임대시 절세전략

주택임대사업은 임대사업자 등록부터

임대주택 소재지 관할구청 찾자

임대주택사업을 시작하려면 우선 임대주택 소재지 관할 구청에 임대사업자로 등록하라. 그 다음 구청으로부터 임대사업자 등록증을 교부받은 후 관할 세무서로 달려가 사업자 등록신청을 하라.

대부분 임대주택에 관해서는 지방세와 국세의 감면이 있다. 그러나 관할 관청마다 달라 구청과 세무서에 별도로 임대주택사업자로 등록해야 취득세나 등록세, 양도소득세를 감면받을 수 있다.

절세전략 따라 세금 변화

임대사업을 할 경우 임대에 따른 부가가치세와 소득세는 상당 부분이 절세전략에 따라 세금이 변화한다. 사업자 유형에 따라 세금이 달라지기 때문이다.

　개인사업자로 임대사업을 한다고 할 경우에도 본인이나 배우자의 직업 등 소득상태에 따라 세금이 증감된다. 아래에서 세금을 절감할 수 있는 전략을 구체적으로 수립해 보자.

임대사업의 구체적 설계

사업형태를 결정하라

　회사를 차려 임대사업을 하는 경우, 개인사업자로 운영하는 것보다 세금 측면에서 여러 가지 유리한 점이 있다.

　임대사업 규모가 아주 작고 임대인이나 배우자가 아무런 직업이나 소득이 없다고 가정하면 세금부담이나 건물관리 측면에서 개인사업으로 유지하는 것이 편리하다.

　반대로 임대수입 규모가 작다고 해도 임대인이 다른 직업이나 소득이 있다고 가정하면 결론은 바뀔 수 있음을 명심하라.

개인사업 형태로 임대사업을 한다면

　개인이 직접 임대사업을 한다고 가정하면 본인이나 배우자가 직업이나 다른 소득이 없을 경우 부양가족이 가장 많은 사람이 임대소득에 따른 세금이 가장 적다.

　반대로 제법 연봉을 두둑이 받고 있거나 잘 나가는 자영업자가 임대사업을 한다고 하면 세금은 다른 소득과 합산되고 세율은 누진 과세되어 세금 부담이 크다.

개인사업으로 임대사업을 운영하기로 결정했다면 그 다음 사업자 등록을 할 때 간이과세자와 일반과세자 중 어느 형태가 세금 측면에서 유리한지 결정해야 한다.

부가가치세법은 1년간의 임대료 수입 총액이 4,800만 원을 초과하면 일반과세자로 구분하고 그 금액 이하의 사업자는 간이과세자로 구분한다.

하지만 처음 건물을 구입해 임대사업을 할 경우에는 임대료 수입금액을 추산하기가 어렵다. 이러한 경우 상가나 오피스텔을 처음으로 분양받아 사업자 등록신청을 한다면 규모에 관계없이 무조건 일반과세자로 해야 한다. 일반과세자만이 분양대금을 납부할 때 지급한 부가가치세를 분양회사로부터 환급받을 수 있다.

만일 비교적 규모가 적은 헌 건물을 구입, 임대하려고 한다면 간이과세자로 사업자등록을 신청하라. 간이과세자 제도 자체가 영세한 사업자들을 위한 부가세 제도이기 때문에 부가세 신고관리나 세무관서의 관심 대상에서 훨씬 멀어질 수 있는 길이다.

아직도 세무당국에서는 부동산 임대업을 하나의 투자대안 사업으로 보기보다는 여유 계층의 불로소득 창출원으로 보는 견해가 지배적이다. 임대사업이 세무당국의 특별한 관심을 받고 있는 이유가 여기에 있다.

임대차계약서 쓸 때 반드시 부가세 명시하라

세무상담을 하다 보면 자주 받는 전화가 '부가가치세를 임차인한테 받아야 되는 건지, 아니면 임대인인 건물주가 내는 건지'에 대한 문의이다.

사실 임대사업을 하는 법인체나 그 동안 임대사업 관련 경험이 많은 사람들은 임대료에 관련된 부가세 관계를 충분히 알고 있지만 최근 들어 여유자금이나 노후 안정자금을 기반으로 새로이 임대시장에 뛰어든 새내기 사장들은 부가가치세의 중요성을 인식하지 못하고 있다.

이것은 실로 심각한 일이 아닐 수 없다. 만일 임대인이 월세에 대한 부가가치세를 임차인으로부터 받지 못한다고 가정해 보면 순식간에 월세 수입의 10%가 자신의 주머니에서 사라져 버리는 결과가 된다.

그 동안 부가가치세에 관한 세법 해석이나 판례의 입장이 당사자 간에 부가가치세를 두고 특별한 약속이 없었으면 임대료에 부가가치세가 포함된 것으로 보기 때문이다.

이 같은 손실을 방지하기 위해서는 세입자와 임대차 계약서를 작성할 때 반드시 '부가가치세 별도'라는 한마디 문구를 달아라. 이렇게 하면 자신의 자산을 10% 늘려 준다.

다만 간이과세자는 임차인으로부터 부가세 10%를 받을 수 없다는 점에 특히 주의해야 한다. 간이과세자는 임대료에 대해 세입자에게 세금계산서를 발행할 수가 없다는 이유에서이다. 간이과세자는 세무서에 납부하는 부가가치세를 임대료 수입금액의 10%가 아닌 특례세율 3%를 적용하여 세금을 낸다.

그러다가 건물의 임대료가 인상되어 1년의 임대료수입 총액이 4,800만 원 이상 되면 문제가 터진다. 수입금액이 4,800만 원 이상 되면 일반과세자로 전환하게 되어 임대인은 세무서에 10%의 부가가치세를 내야만 한다.

이때 임차인과 맺은 계약서에 과거처럼 부가가치세에 관한 지급 문구가 전혀 없다면 어느 임차인이 부가세를 주겠는가.

따라서 임대료 수입금액이 4,000만 원 정도에 육박한다면 미리 계약서를 쓸 때 "향후 일반과세자로 전환하게 될 경우 부가가치세는 별도로 지급한다"는 단서 조항을 반드시 달아야 한다. 자신의 자산을 100% 보호할 수 있는 가장 현명한 방법이다.

조그만 상가건물 사업자등록 할까 말까?

등록하는 것이 절세 비법

"점포 두서너 개 있는 조그만 상가건물을 매입해서 세를 놓고 있는데 이걸 사업자등록을 해야 하나요? 신고하면 세금이 많겠지요?"

이 같은 질문이 두 번째로 많이 받는 상담 전화의 내용이다. 이러한 질문을 하는 사람들은 사업자등록을 상당히 주저하거나 무서워한다는 공통점이 있다.

그러나 간단히 생각을 하라. 자신이 임대사업자 등록을 하지 않는다고 해도 임차인이 자기가 하는 사업에 대해 세무서에 사업자등록을 신청하면 이때 이미 임대인의 이름이 임차인이 사용하는 영업장소의 임대인으로 세무서의 컴퓨터에 등록되어 버린다.

이후 세무서는 직권으로 부동산 임대사업자로 등록시켜 어느 날 사업자등록증을 찾아가라고 전화 한 통을 주고는 사업자 등록을 하기 전까지 받은 임대료에 대해 부가가치세법이 정한 가산세 선물까지 곁들일 것이다.

임대사업자가 반드시 알아야 할 절세 비법

장부를 꼼꼼히 적어라

매월 입·출금되는 임대료와 전기수도료, 수선유지비용이나 관리인의 월급 등을 장부에 철저히 기록하라. 임대업도 엄연한 사업이다. 지난날에 전월세 받아먹든 주먹구구식 개념에서 과감히 탈출하라.

장부기록을 강조하는 것은 장부를 근거로 세금을 낼 수 있어 세금관리상 절세 효과를 극대화할 수 있고 사후 발생할지도 모르는 세무조사에 철저히 대비할 수 있기 때문이다.

장부 기록을 철저하게 할 경우의 한 가지 장점을 예를 들어 보자. 건물이 노후되어 수리에 상당한 금액이 투입되었더라도 그러한 지출 비용은 전액 임대소득에서 공제받을 수 있다.

이때 만일 임대사업자가 장부를 기록하지 않았을 경우에는 국세청에서 정한 일정한 기준에 따라 세금을 과세한다. 그렇게 되면 건물이 노후화되어 수리비용이 증가됐거나 전기수도료 등 공과금이 상당액 발생해 건물주의 입장에서는 실제로 번 돈은 없어도 세금은 늘어날 수 있다.

그러므로 세금이 많다고 불평하기보다는 임대사업으로 발생한 소득이 적다는 근거를 만드는 것이 중요한 이유다.

영수증은 반드시 챙겨라

장부기록을 뒷받침할 수 있는 인건비, 전기수도료, 수리비, 재산세 등 각종 세금관련 영수증은 반드시 챙기고 일정 기간 동안 보관하는 습관을 지녀라. 아무리 회계장부를 완벽하게 기록했다고 해도 그에 대한 증빙서류가 미비하다면 세무상 인정받기가 불가능하다.

임차인과 임대료에 관해 분쟁이 발생하거나 법원 등에 강제집행 절차를 취할 경우에도 평소 철저히 기록하고 보관한 장부와 영수증은 훌륭한 재판상의 증거서류가 될 것이다.

게다가 재판관련 비용도 공제받을 수 있으므로 변호사 보수나 인지세 영수증도 함께 기록 · 보관하는 것이 좋다.

세금계산서도 확실히 받아라

전기나 전화 요금청구서를 보면 공급자 사업자등록번호와 공급받는 자의 사업자등록번호 기재란이 있다. 여기서 공급자는 한국전력이나 한국통신을, 공급받는 자는 전기나 전화를 사용하는 사람, 즉 임대건물주가 된다.

이때 임대인의 사업자등록번호가 기재된 전기요금 청구서는 세금계산서와 동일한 효력이 있으므로 전기나 전화요금에 포함된 부가가치세를 공제받을 수 있다.

따라서 새로이 건물을 취득하여 임대사업을 한다면 당장 한전이나 한국통신에 전화하여 자신의 사업자등록번호를 통보해야 한다. 이것을 하지 않으면 '눈 뜨고 귀중한 돈' 이 날라 간다.

건물수리나 새로운 시설물 설치공사를 할 경우에는 공사비가 상당하다. 이때도 공사계약서와 세금계산서를 반드시 받는 것이 바람직하다. 세금계산서는 공사비에 포함되어 지출한 부가세를 환급받을 수 있는 국고수표와 같다.

룸살롱 세줄 때

홍 사장 웬일이니

속초 오피스텔 매입한 황 부장만 피박이냐. 지하를 룸살롱으로 세주다 다친 우리 홍 사장 이야기 한 토막 해보자.

홍 사장은 주식투자를 해 번 돈으로 신림동 사거리 주변의 휘황찬란한 여관, 술집 밀집 지역에 수십억 원을 투자해 4층짜리 건물 사고 지하는 아주 세련된 미모의 40대 여성에게 세를 주었다. 그런데 아뿔싸 이것이?

구청에서 온 고지서에는 취득세, 농어촌특별세, 공동시설세, 재산세, 종합토지세 등이 난무하고 있다. 이게 웬 마른 하늘의 날벼락?

홍 사장이 평소 잘 알고 지내는 김 회계사에게 핸드폰과 팩스를 이용해 설명도 하고 고지서도 보내고……. 하여간 몹시도 몸이 달았다. 그에 대한 김 회계사의 답변은 다음과 같다.

룸살롱도 사치성재산이다

취득세가 5배나 중과세되는 사치성재산에는 식품위생법에서 정하는 유흥주점이 있는데 자세한 기준은 다음과 같다.

가. 무도유흥주점(카바레, 나이트, 디스코클럽 등)

손님이 춤을 출 수 있도록 객석과 구분된 무도장을 설치하고 영업장소의 면적이 100㎡(30평 정도)를 초과하는 무도장. 여기에서 실제 영업장 전용으로 사용하고 있는 객실, 무대, 주방장, 화장실과 다른 사무실과 공용으로 쓰는 복도, 주차장, 화장실 면적 중 무도실 부분에 속하는 면적을 계산하여 가산한다. 이 규정에 의하면 아주 작은 변두리 술집이라도 발을 비비적거릴 수 있는 스테이지만 있다면 대부분 해당될 것 같다.

나. 룸살롱 · 요정

유흥종사자가 손님과 함께 유흥을 즐기고 식사나 주류를 마실 수 있는 음식점이나 주점으로, 반영구적으로 구획된 별도의 객실(칸막이, 벽)을 구비하고 객실 면적이 영업장 면적의 50% 이상이거나 객실수가 5개 이상인 곳을 말한다. 다만 면적이 65㎡(약 20평) 미만인 영업장은 제외한다. 이때도 화장실, 복도, 주차장 등 공용면적은 제외한다. 관광진흥법에 의한 관광유흥음식점은 중과세 대상에서 제외한다.

무슨 세금이 중과세되나

취득세는 일반세율 2%의 5배인 10%로 과세하며 농어촌특별세의 경우에는 취득세가 늘어나면 자동적으로 증가한다. 재산세는 일반세율 0.3%의 16.6배인 5%로 과세하며 종합토지세는 5%의 세율로 분리 과세한다.

상가 팔 때 까딱하면 부가세 왕창 쓴다

매매계약서에 건물분 부가세 반드시 언급하라

부동산 임대업을 하던 상가건물을 처분할 때 아주 중요한 사실 한 가지는 매수인과 매매계약을 할 때 반드시 부가세에 관한 언급을 해야 한다는 사실이다.

가령 오피스텔이나 상가를 최초로 분양받았다고 치자. 이때 분양회사는 오피스텔을 자신에게 팔면서 오피스텔 분양대금에 포함된 건물가액에 대해 부가가치세를 받았다.

같은 이유로 자신이 임대용 상가건물을 팔 때도 건물분 부가가치세를 매수인에게 받았든 받지 않았든 부가가치세는 본인이 세무서에 납부해야만 한다. 자칫하면 상가 매매과정에서 매매대금의 10%가 세무서로 날아가 버릴 수도 있는 셈이다.

이때 너무나 중요한 절세 대첩은 매매계약서를 건물가액과 토지가액으로 각각 구분해 기재하고 '건물분에 대한 부가가치세는 별도로 한다'라고 단서조항을 달아둔다.

그 다음에 매수인에게서 부가가치세를 받고 그에게 건물분 매각에 대한 세금계산서를 교부하면 된다. 상대방인 매수인은 건물주에게 받은 세금계산서를 기준으로 매도인에게 건물취득시 지급한 부가가치세를 사업자등록 후 환급받으면 된다.

사업 양수도 계약서를 작성하라

만일 매매계약서에 부가가치세에 관한 사항을 기재를 하지 않았거나 매수인이 부가가치세를 지급하기를 단연코 거부하면 또 하나의 해결 방도가 있다. 매수인과 자신이 부동산 임대사업을 서로 양도·양수하는 것으로 하여 사업 양수도계약서를 작성하는 것이 그것이다.

그리고 건물을 매각하고 마지막으로 세무서에 부가가치세 신고할 때, 매매계약서를 첨부한 양수도계약서를 폐업신고서와 함께 제출하면 건물분 부가가치세는 내지 않아도 된다.

부가세법은 사업에 관한 모든 권리와 의무를 포괄적으로 양도·양수하는 경우에는 부가세를 과세하지 않는다고 규정했기 때문이다.

제2부

부동산 양도시 세무전략

제1절 양도소득세, 가장 말 많은 세금

양도소득세, 왜 말이 많은가

양도소득세는 말이 많다. 국세청이나 국세심판원, 조세행정소송 등을 포함해 모든 세목 중에서 납세자의 불복이 가장 큰 세금이다.

양도소득세가 내국세에서 차지하는 비율은 5% 정도에 불과해 국가의 조세수입 차원에서는 그다지 중요하지는 않다. 납세자 인원 측면에서도 내국세의 총 납세인원의 5% 미만에 지나지 않는다.

그러나 양도소득세는 1인당 평균 결정세액이 수 백만 원으로 납세의무자 입장에서는 상당한 고액이다. 그래서인지 조세수입과 납세인원이 다른 세목과는 비교도 할 수 없을 만큼 미미함에도 불구하고 조세불복 사건이 가장 빈번하다.

이는 국가의 과세권에 대한 납세자의 저항으로 볼 수 있다. 적극적으로 조세불복 제도를 통한 권리의 구제이든 부정적인 자세로 조세 자체를 회피하는 것이든 조세불응 현상이 심화되고 있다는 것을 의미한다.

국세청은 납세자의 조세저항이 심한 원인의 하나로서 양도소득세가 납세의무의 발생이 불규칙하고 납세자의 계층이 다양해 세법에 대한 이해도가 낮기 때문인 것으로 분석하고 있다. 따라서 세수 비중은 크지 않으나 민원발생이 많고 세무비리가 빈번히 발생한다. 또한 정책 목적을 위해 많은 비과세 또는 감면 규정을 두고 있어 조세의 공평성을 저해하고 있다고 『국세청 30년사』에서 밝히고 있다.

양도소득세는 원래 부동산 투기억제라는 정책 목적에서 시행된 부동산투기억제세에서 출발하였다. 그러므로 양도소득세는 세수 비중의 절대적 크기보다는 다른 측면에서 그 존재 의의가 있는 세금이다. 1975년도부터 부동산투기억제세가 양도소득세로 개편된 후에도 여전히 양도소득세는 정책세제로 운영되고 있다. 예를 들면 서민의 안정적인 주거생활보호나 국가나 공공단체가 필요로 하는 토지공급을 원활히 하여 경제발전을 조기에 이룩하려는 등 여러 정책 목적을 달성하기 위한 수단으로 양도소득세제가 이용되었다. 그러므로 수많은 비과세·감면제도가 시행되고 있고 그러한 제도상의 감면 혜택을 받는 납세자와 그렇지 못한 납세자 간의 조세부담의 공평성 등에 관한 문제가 끊임없이 제기되고 있다.

언제나 세무전문가와 상담하라

꾸준한 관심과 연구 필수

양도소득세는 비과세와 감면제도가 정말 많고도 복잡하다. 뿐만 아니라 세금을 감면받는다 해도 꾸준한 관심과 연구 없이는 세무전문가라고 해도 감면 요건과 내용을 정확히 해석하기가 용이하지 않다.

사람들은 양도소득세를 절세한다고 생각하면서 우선적으로 세무서에 다니는 친구나 친지가 있는지를 알고자 동창회 명부나 친목회원의 전화번호를 뒤적인다. 그것도 양도소득세 고지서 한 장 받아들고서 말이다. 그들은 지난날처럼 개인적 연결고리를 통해 비공개적이거나 비도덕적인 접근방법으로 고지서를 해결하려고 한다. 이미 날라 온 고지서를 그들의 희망대로 수정하기 위해서는 상당한 시간과 비용을 감수해야만 한다.

하지만 양도소득세 해결방법이 사후적 처리방법에서 사전적 예방법으로 바뀐 지 오래이다. 필자가 고객들과 10여 년 이상 양도소득세 분야를 전문적으로 상담하면서 느낀 점도 이와 유사하다.

지난 5~6년 전만 해도 대부분의 고객들이 부동산을 매각한 다음 단순히 양도소득세를 신고하려고 회계 사무실을 방문했다. 이러한 고객은 상담의뢰보다는 단순한 신고의뢰를 원하는 사람들이다. 그렇기 때문에 그들에게 양도소득세를 합리적으로 절감할 수 있는 방법 등에 대해 상담해줄 수가 없었다.

그러나 최근 3~4년 전부터는 부동산을 처분하기 전에 양도소득세 상담을 위해 사무실을 찾는 사람들이 현저히 증가했다. 이 같은 경우는 그들이 활용할 수 있는 여러 가지 절세의 문을 두드려 볼 수가 있다.

따라서 부동산을 처분하기 위해 부동산 중개업소에 가서 시세나 거래 동향 등을 물어보는 것이 반드시 필요한 것처럼 세무전문가와 상담할 시간을 꼭 비워두는 것이 좋다. 한 가지 덧붙여 말하면 중개업소에서 매물에 대한 개략적인 세무상담까지도 고객서비스 차원에서 제공하고 있다.

하지만 귀는 열어 두되 세무상담 결과를 100% 확신하지는 말아야 한다. 서두에 언급했듯이 1년에도 한두 번씩 개정·폐지되거나 새로 만들어지는 양도소득세 관련 규정과 국세청이나 재정경제부에서 매일 아침 쏟아내는 세법관련 유권해석 등은 세무전문가라도 그 분야에 전념하지 않는 한 확신을 못하는 아주 난해하고도 전문적인 분야이기 때문이다.

연말정산 절세 작전, 양도세가 웃고 간다

구세군의 자선냄비 소리가 들릴 때마다 우리는 신문, 방송, 또는 인터넷 사이트와 모든 매스미디어에서 직장인들의 연말정산을 위한 각종 소득공제나 세액공제 등 절세 작전에 필요한 정보와 기법이 매일같이 살포되고 실제로도 수행되고 있음을 발견하게 된다.

그러나 이 같은 대규모의 연말정산 입체작전을 통해 직장인들이 그 동안 월급에서 떼인 세금을 과연 얼마나 건질 수 있을까 하는 의구심이 들 때가 많다. 아마도 고작 몇 십만 원에서 100~200만 원 정도가 최고치가 아닐까 생각한다.

그럼에도 마치 그것이 최대의 절세 대책인 것처럼 절세를 위한 세무정보 사냥에 붉은 악마의 응원에 결코 뒤지지 않는 열과 성을 다한다.

필자는 연말정산에 기울이는 정도의 관심과 열정을 소유하고 있거나 투자하게 될 부동산 관련 세금에도 쏟으라고 강력히 권고하고 싶다. 부동산 관련세금이 어디 100~200만 원이겠는가.

양도소득세의 경우 특히 비과세규정을 정확히 숙지하고 활용해야 한다. 환언하면 비과세제도를 올바로 활용하지 못한다는 것은 자신의 귀중한 재산을 국고에 양도소득세'라는 이름으로 헌납하는 것과 다름없다.

양도세 신고방법은 내가 선택한다

세금 적은 방법을 선택

양도소득세의 과세방법은 기준시가 결정제도를 원칙적인 방법으로 규정하고 예외적으로 실지거래가액에 의한 결정제도를 택하고 있다.

여기에서 기준시가 결정제도라고 하는 것은 양도소득세를 산출하기 위해 양도소득을 결정할 때 양도가액 및 취득가액을 양도 또는 취득 당시의 기준시가를 적용해 양도소득을 산출하는 것을 말한다.

실지거래가액에 의한 결정지도라고 하는 것은 양도소득을 결정할 때 양도가액 및 취득가액을 실제의 부동산 매매계약서에 나타난 매매금액을 적용해 양도소득을 산출하는 제도이다.

납세자는 부동산을 매매한 다음 자신의 세금 신고방법을 두 가지 방법 중 양도소득세가 적은 방향으로 선택할 수 있도록 허용(투기지역이나 1년 미만 단기양도 등의 경우는 제외)하고 있다.

다시 말해 자신이 매매한 부동산을 기준시가로 신고한다고 가정하고 양도소득 세금과 실제로 거래한 매매금액을 기초로 실지거래가액으로 산출한 양도소득세를 비교해 두 가지 방법 중 세금이 작은 안을 선택해 세금신고를 할 수 있는 것이다.

국세청 기준시가 · 공시지가 · 시가표준액

국세청 기준시가의 용도

국세청 기준시가는 국세청이 아파트나 고급 연립주택(빌라)의 가격을 결정해 매년 정기적(일반적으로 7월 1일)으로 고시하는 가격을 말한다. 이것은 해당 부동산의 양도소득세, 상속세 및 증여세를 과세하기 위한 기준가격으로 이용된다.

공시지가의 용도

공시지가는 지가공시 및 토지 등의 평가에 관한 법률에 의거, 건설교통부에서 전국에 소재하는 모든 토지를 대상으로 가격을 조사해 고시하는 가격으로 매년 6월 하순경에 고시된다.

공시지가는 토지를 매매, 상속, 증여한 경우의 양도 · 상속 · 증여세의 과세기준으로 적용된다. 그러나 국세청 기준시가가 고시된 공동주택의 부속토지는 공시지가가 고시되었더라도 국세청 기준시가를 적용한다.

시가표준액의 용도

시가표준액은 토지시가표준액과 건물시가표준액으로 구분된다. 토지시가표준액은 취득세, 등록세 및 종합토지세의 과세기준으로 이용된다. 건물시가표준액은 취득세, 등록세 및 재산세의 과세기준에 적용된다.

이혼하는 아내의 마지막 배려, 재산분할청구권

배우자를 위한 마지막 배려

재산분할청구권은 이혼하는 아내가 남편을 위해 취하는 마지막 배려이다. 소득세법이 규정한 양도의 정의에 따르면 만일 위자료로 부동산을 아내에게 넘겨주었다고 하면 이것을 양도로 간주해 양도소득세가 과세된다.

하지만 이혼할 때 당사자의 협의나 청구로 재산분할청구권을 행사하면 아내에게 분할된 남편 명의의 재산은 양도소득세 과세대상이 아니다.

비록 결혼기간 중 취득한 재산이 남편 명의로 등기됐다고 해도 이는 부부공동의 노력으로 형성된 재산으로서 공유재산의 성격을 갖는다고 법은 판단한다. 그러므로 재산분할청구권의 행사 결과 남편 명의의 재산 중 일부가 아내에게 이전되는 것은 공유물의 분할이나 신탁재산의 환원과 같은 법적 성격을 지니고 있어 양도로 볼 수 없는 것이다.

이 같은 재산분할청구권은 결혼기간 중 배우자 일방이 받은 정신적 또는 육체적인 손해배상의 성격으로 지급하는 위자료와는 근본적으로 그 법적 성격이 다르다.

재산분할청구권 이외에 별도로 정신적인 피해가 있었다면 위자료 지급청구를 할 수 있는 근거가 여기에 있다. 재산분할청구권은 이혼한 다음 2년 내에 청구하지 않으면 그 권리가 소멸된다.

여기서 잠깐!

재산분할청구권을 행사하여 취득한 주택의 취득시기는 언제일까. 가령 1989년에 남편이 매입한 아파트를 2001년 6월에 이혼하면서 재산분할청구권의 행사로 아내에게 등기가 넘어갔다면 아내의 취득시기는 당초 남편이 취득한 1989년으로 본다는 것이 국세청의 유권해석이다(서일 46014-10545. 2001.11.28, 국세청).

오피스텔은 1세대 1주택에서 제외된다

오피스텔은 주거용 건물이 아니다

요즈음은 일반인이 세법에 대해 갖고 있는 지식 수준이 거의 프로 수준이다. 따라서 오피스텔의 과세여부를 비교적 잘 알고 있다.

그러나 필자가 4~5년 전 어느 고객으로부터 오피스텔에 대해 상담을 받은 적이 있는데 그 고객은 오피스텔도 1세대 1주택으로 비과세된다고 생각했다.

그렇게 생각하는 이유를 묻자 그 고객은 당초 분양광고에 게재된 신문을 오려 보이면서 '1세대 1주택에서 제외' 된다는 광고문구를 내밀었다. 그 고객은 1세대 1주택 제외라는 말을 주택처럼 요건이 되면 비과세가 되는 것으로 이해한 것이다.

그러나 오피스텔은 주거용 건물이 아니므로 주택에만 적용되는 1세대 1주택의 비과세규정이 없다. 한 채의 집을 소유한 사람이 오피스텔을 여러 채 분양받았다고 해도 주택이 비과세 요건만 충족하면 주택을 언제 양도를 하든 세금은 없다.

질문번호 40272　　　작성일자 2002. 2. 18　　　질문자 김기풍

질문—안녕하세요. 항상 유익한 정보에 감사 드립니다. 다름이 아니라 1세대 1주택에 관한 질문입니다.

1. 소득세법은 형식보다는 실질에 따라 과세한다고 합니다.

2. 오피스텔을 취득해 거기에서 부인과 아들, 그리고 저 이렇게 세 식구가 3년 5개월 살았습니다.

3. 오피스텔 이외는 전혀 주택이 없습니다.

4. 이러한 경우에 저희 가족으로서는 오피스텔이 실질적인 주택입니다.

5. 그러므로 위 오피스텔을 양도하면 1세대 1주택으로 비과세가 되는지요?

답변—귀 질의의 경우 우리 청 질의회신문(재일 46014-2119, 1997. 9. 5) 내용을 참고하시기 바랍니다.

국세청 재일 46014-2119 (1997.9.5)

소득세법시행령 제154조 제1항의 규정에 의한 '1세대 1주택'을 판정함에 있어 주택에는 용도에 관계없이 사실상 주거용으로 사용하고 있는 건물을 포함하는 것이나 오피스텔, 콘도미니엄, 별장 등은 이에 포함되지 아니하는 것임.

고가주택은 1세대 1주택 비과세 없다

양도가액 6억 원은 비과세 처리

소득세법에서 정한 고가주택(2003. 1. 1. 이전은 고급주택)에 해당되

면 비록 1세대 1주택에 해당된다고 해도 비과세는 적용되지 않는다. 그
렇다고 해서 고가주택을 팔 때 양도소득세가 상당히 많이 나올 것으로
오해하거나 두려워할 필요는 없다. 1세대 주택에 해당되는 고가주택을
양도할 경우 납부할 세금은 양도로 인해 발생한 양도차익금액 전체가 아
니기 때문이다.

　양도차익 전체 중에서 일정 부분(양도가액 6억 원)은 비과세로 처리하
고 그 금액을 초과하는 부분에 한해 과세하는 부분과세제도가 있다. 1세
대 1주택의 요건을 구비한 고가주택을 양도한 경우에 과세되는 양도차
익에 대한 산식은 다음과 같다.

$$1세대\ 1주택\ 고가주택\ 양도시\ 과세되는\ 양도차익 = 주택\ 전체의\ 양도차익 \times \frac{(양도가액-6억\ 원)}{양도가액}$$

　일반적인 부동산의 양도소득세 신고방법은 기준시가에 의한 신고가
원칙이나 고가주택에 대해서는 실제 거래 금액을 원칙으로 실지거래가
액 신고제도를 채택하고 있다.

제2장 | 양도세 합법적으로 안 내는 방법

제1절 1세대 1주택은 1년 연봉

세법상 1세대 1주택의 정의

개념을 정확히 이해하자

거주자가 소유하고 있는 1세대 1주택(고가주택은 제외)과 그 주택에 부수되는 일정 면적 이내의 토지(주택의 부속토지)를 양도함으로써 발생하는 양도소득에 대해서는 국민의 기본적인 주거생활의 안정이라는 경제 정책적인 고려에서 양도소득세를 비과세하고 있다.

그러므로 세법이 규정하고 있는 1세대 1주택의 비과세 규정을 정확히 숙지해 양도소득세의 면제혜택을 받도록 하는 것이 아주 손쉽고도 기본적인 세금관리이다.

이러한 취지에서 우선적으로 양도소득세가 과세되지 않는 1세대 1주택의 법률 개념을 거주자, 1세대, 1주택, 부속되는 토지, 보유기간 및 고가주택으로 각각 나누어 명확하게 이해해 보자. 그러면 누구나 할 수 있는 절세 기법을 터득할 수 있을 것이다.

거주자

거주자란 국내에 주소 또는 일정한 거소를 둔 개인을 말한다. 국내에 주소가 없더라도 국내에 계속해 1년 이상 거주할 것을 필요로 하는 직업이 있거나 국내에 생계를 같이하는 가족이 있고 그 직업 및 자산 상태로 보아 계속해 1년 이상 거주할 것으로 인정되는 사람은 거주자로 본다. 그러므로 외국 국적이나 영주권 취득 유무가 소득세법상에서 규정하고 있는 거주자의 판단기준은 아니다.

가령 온 가족이 함께 외국 영주권을 취득해 해외로 이주한 다음 아빠(기러기 아빠)가 다시 한국으로 홀로 돌아와서 국내에서 일정한 직업(회사의 임직원이든 자영업자이든 불문)을 갖고 1년 이상 국내에 체재하고 있고 그의 자산 역시 상당부분이 한국에 있다고 한다면 그는 거주자로 판단된다.

1세대

거주자 및 그 배우자가 그들과 동일한 주소 또는 거소에서 생계를 함께 하는 가족과 함께 구성하는 혈연을 기초로 맺어진 하나의 경제적 집합체를 의미한다.

이때 가족이라는 것은 거주자 및 그 배우자와 생계를 함께하는 그들의 직계 존·비속(부모, 시부모, 장인, 장모)과 형제자매(처남, 처제, 시동생, 시누이)를 말한다.

시부모나 장인 장모 혹은 나이 어린 시동생이나 처남 처제를 부양하며 함께 살고 있는 경우 거주자는 그 배우자와 그들의 아들딸 및 시부모(또는 장인, 장모), 시동생(또는 처남, 처제)이 동일한 1세대로 정의된다. 취학, 질병의 요양, 근무상 또는 사업상의 형편으로 일시적으로 떨어져서 살고 있는 일시퇴거자가 있을 경우 그들도 가족의 개념에 포함되어 1세대로 본다.

반면 시동생이나 처남 등이 거주자 본인과 각각 별도의 지역에서 거주하면서 주민등록만 동일 주소지로 전입해 주민등록상 동일한 세대원으로 등재되어 있다고 해도 그들이 분명 거주자 본인과 함께 거주하지 않고 경제적으로도 서로 독립된 가계 단위라면 1세대로 판단하지 않는다.

한편 부부가 각각 단독세대를 구성해 2세대로 주민등록을 구성했다고 해도 소득세법상 비과세 여부를 판정하는 1세대 1주택 여부에 있어서는 동일한 1세대로 본다.

여기에서 짚고 넘어가야 할 것은 배우자 없이 홀로만 주민등록이 되어 있는 단독 세대주를 1세대로 볼 것인가의 여부이다. 최근 들어 1세대 2주택으로 인한 불이익을 회피하려고 나이가 찬 성년의 자녀를 분리하여 단독 세대주로 만들고 있는 경우를 볼 수 있기 때문이다.

소득세법 시행령 제154조 제2항은 배우자가 없는 경우라도 거주자의 연령이 30세 이상이거나 배우자가 사망 혹은 이혼한 경우, 30세 미만이라도 소득이 있는 경우 및 주택을 상속받은 경우는 배우자가 없어도 1세대로 본다고 규정하고 있다.

1주택

주택이라고 하는 것은 사실상 주거용에 사용하는 건축물을 말하며 건축법상의 허가유무나 등기여부에 관계없이 거주 목적으로 사용하는 건축물로 판단한다.

건축물에 대한 거주용 여부의 판단은 등기부등본 등 공부상에 기재된 용도와는 관계없이 양도 당시에 건축물이 사용되는 용도로 판단한다. 이같은 주택의 정의에 부합하는 주택이 국내에 한 채 있다면 이를 1주택으로 본다.

무허가 주택이라도 1세대 1주택의 비과세 요건에 부합되면 당연히 양도소득세는 비과세된다. 그러나 등기부등본이나 건축물관리대장 등 공부상에는 주택으로 등재되어 있다고 해도 주거용이 아닌 점포나 사무소 등 영업용 건물로 사용 또는 임대하다가 양도했다면 1세대 1주택으로 비과세되지 않는다.

주택의 부속 토지

주택에 부속되는 토지는 1세대가 생활근거지로서 소유하는 1주택에 부속되는 토지로서, 도시계획구역 안에 주택이 있을 경우에는 건축물이 정착된 면적의 5배 이내의 토지를, 도시계획구역 밖에 주택이 있다면 건축물이 정착된 면적의 10배 이내의 토지에 대해서는 1세대 1주택의 부속 토지로 보아 양도소득세를 비과세한다.

하지만 주택이 정착되지 않은 부분만을 분할 양도할 경우에는 이를 1세대 1주택의 부속 토지에 해당하지 않는 것으로 해석해 양도소득세가 과세된다.

또한 지번이 상이한 2필지의 토지 위에 주택이 있는 경우에는 한 울타리 속에 토지가 있고 1세대가 거주용으로 사용하는 때는 그 주택에 부속되는 토지로 본다. 미등기 주택이나 무허가 주택에 부속되는 토지도 당연히 1세대 1주택의 부속 토지로 보아 비과세 여부를 결정한다.

보유기간과 거주기간

보유기간은 3년 이상을 말한다. 그러나 주택 소재지가 서울, 과천 및 분당, 일산, 평촌, 산본, 중동의 5개 신도시지역에 있다면 3년의 보유기간 중 2년 이상을 거주해야 한다.

보유기간의 계산은 등기부등본, 토지대장, 건축물관리대장 등으로 확인하며 거주기간은 주민등록표상의 전입일자에서 전출일까지의 기간으로 판정한다.

그러나 예외도 있다. 우선 임대주택법에 의한 건설임대주택을 취득 양도할 때 당해 주택의 임차일르부터 양도일까지의 거주기간이 5년 이상인 경우와 토지수용법 기타 벌률에 의해 수용되는 경우가 이에 해당한다.

국외이주, 기타 재정경제부령이 정하는 경우에도 이 범주에 속한다. 여기서 재정경제부령이 정하는 경우란 해외이주법에 의한 해외이주로서 세대 전원이 출국하는 경우와 1년 이상 계속해 국외거주가 필요한 유학이나 근무상의 이유로 세대 전원이 출국하는 경우를 말한다.

또 재건축이나 재개발사업시행기간 중 다른 주택을 취득해 1년 이상 거주하다가 재건축이나 재개발사업의 완료로 신축된 아파트로 이사하게 되는 경우에는 보유기간의 제한을 받지 않는다.

한편, 취학, 근무상의 형편, 질병의 요양 등의 사유로 세대 전원이 다른 시·군으로 주거를 이전하는 경우에는 3년 보유요건은 해당하지 않으나 반드시 1년 이상 거주한 주택을 양도해야만 비과세 혜택을 받을 수 있다.

주택의 보유기간을 계산할 때 보유 중 소실, 도괴, 노후 등으로 멸실되어 재건축한 주택의 경우에는 그 멸실된 주택의 보유기간과 재건축한 주택의 보유기간을 합한다.

상가주택은 '황금박쥐'

수익성 높고 비과세 혜택 많아

상가주택은 들짐승도 날짐승도 될 수 있는 박쥐와 같다. 상가와 주택이 동일한 건물에 붙어 있지만 잘만 활용하면 1세대 1주택으로 비과세가 가능하다는 말이다. 그러하니 수익성 측면에서 돈을 물어다 주는 황금박쥐와 같지 않겠나.

상가주택을 소득세법에서는 겸용주택이라고 표현한다. 겸용주택이라고 하는 것은 주택의 일부에 점포나 사무실 등 다른 목적의 건물이 설치되어 있거나, 같은 지번 상에 주택과 다른 용도의 건물이 설치되어 있는 건축물이다.

상가주택도 비과세된다

상가주택은 주택 부분의 면적에 따라 비과세 여부가 결정된다. 주택 부분의 면적이 상가 부분의 면적보다 크다면 상가주택 전체를 주택으로 보아 비과세한다. 그러나 주택 부분의 면적이 상가 면적보다 적거나 같을 때는 주택 부분에 한해서만 비과세 혜택이 주어진다.

부수토지도 비과세된다

상가주택의 부수토지는 주택 면적이 주택 이외의 면적보다 큰 경우와 적거나 같은 경우로 계산해 비과세한다.

주택 면적이 주택 이외의 면적보다 큰 경우에는 건물 전체를 주택으로 보는 것이므로 토지 전부가 부수토지가 되어 비과세된다. 하지만 토지

면적이 전체 건물 정착면적의 열 배(도시계획구역 이내에 있는 경우는 다섯 배)를 초과하는 부분에 대해서는 과세한다.

주택 면적이 주택 이외의 면적보다 적거나 같은 경우에는 전체 건물 면적 중 주택 부분만 비과세되는 주택으로 판단하므로 토지 역시 주택 부분에 해당하는 면적만 별도로 계산해 비과세한다.

$$비과세되는\ 토지\ 면적 = \frac{전체\ 토지\ 면적 \times 주택\ 면적}{건물\ 전체\ 면적}$$

주차장이나 지하실 비과세 여부

상가주택의 주차장이나 지하의 보일러실, 창고 등은 실제로 사용하는 용도에 따라 주택인지 아니면 상가인지를 결정한다. 그러나 주택과 상가에서 공동으로 이용하고 있는 공용면적이라면 주택과 상가의 면적에 따라 안분해 계산해야 한다.

상가와 주택의 판단 여부

상가와 주택 면적의 판단 기준은 건물등기부등본이나 건축물관리대장이 아니라 이용자들의 실제 사용하는 용도이다.

이러한 판단 기준과 해석은 빈번하게 납세자를 울리기도 하고 웃게도 한다. 지피지기면 백전백승이다. 법 규정과 해석을 최대한 활용해 상가주택을 황금박쥐로 활용해 봄 직하다.

상가주택을 황금박쥐로 만드는 비법

상가주택을 살 때

우선 건물등기부등본과 건축물관리대장을 들여다 보라. 그 안에 기재된 각 층별 용도를 꼼꼼히 살펴보고 주택 면적과 기타 면적을 계산하라.

주차장, 화장실, 지하실 등 특별하게 주택이나 사무실, 점포 등으로 표시되지 않은 공용부분은 주택 면적과 사무실, 점포 등 면적 비례로 나눠 각각 주택과 기타 면적에 가산하라. 이 과정을 하여 계산된 주택 면적과 기타 면적을 비교해 주택 면적이 단 0.1㎡라도 크면 황금박쥐가 된다.

이 같은 상가주택을 찾아라. 주택 부분이 0.1㎡가 크다고 가격이 다르겠는가 반문하겠지만 세후 순현금을 비교해 볼 때 실로 엄청난 차이가 벌어진다.

여기서 한 가지 짚고 넘어갈 것은 세법상 상가주택의 판단 기준이 사실상의 용도라는 점이다. 하지만 어떻게 그 많은 상가주택을 인구 센서스 조사하듯이 파악할 수 있겠는가. 고로 행정당국에서의 1차적 판단자료는 각종 관청에 신고·등기·등록된 서류라는 것을 명심하자.

상가주택을 지을 때

새로이 상가주택을 신축할 때는 상가 부분보다 주택 부분을 1평이라도 크게 지어라. 주택 신축면적이 1평이 더 크다고 해서 건물 신축비가 증가하겠는가?

더욱 중요한 것은 준공검사를 받을 때 구청에 제출하는 서류를 다시 한 번 보고, 주택 면적이 상가보다 큰가를 재검토하는 것이다. 준공검사를 할 때 제출된 각 층별 용도별 면적에 의거, 건축물관리대장이 작성되기 때문이다.

준공검사는 건축업자와 설계사무소에, 준공 후 건물의 소유권 보존등기는 법무사 사무소에 각각 의뢰하면 된다.

그러나 이들을 100% 신뢰해서는 안 된다. 그들은 상가주택이 1세대 1주택으로 비과세가 되는 것에 관심을 두지 않는다. 그들은 의뢰받은 준공검사와 등기업무만을 충직하게 할 뿐이다. 따라서 당신의 아주 조그만 관심이 귀하의 소중한 재산을 지켜 준다.

상가 면적이 커서 고민이 클 때

이미 구입한 상가주택을 처분하려니 상가 면적이 조금 커서 양도소득세 때문에 고민이 이만 저만이 아닌 사람들은 이 비법을 사용해 보라.

만일 시간이 넉넉하다면 지하실이나 보일러실 등을 주택으로 용도변경하고 그럴 여유가 없다면 상가 부분 중 일부나 지하실 등 공용 부분을 방으로 꾸며 세를 주거나 자신의 서재나 아이들 공부방으로 리노베이션하라. 서재도 얻고 재산도 느는 즐거움을 만끽할 수 있다.

1세대 1주택, 점포로 쓰면 양도세

주택은 비과세, 점포는 과세

1세대 1주택이라도 점포로 이용하면 양도소득세의 비과세를 받을 수 없다. 세법은 1주택의 경우 세금을 비과세하지, 1점포는 세금을 받는다고 말하고 있다. 그러므로 1세대 1주택이라도 점포로 활용하는 것은 세금 문제를 고려한 다음 신중하게 결정해야 한다.

실제 서울 강남 역삼동이나 서초동의 빌딩이나 사무실 밀집 지역의 뒷골목을 가보면 가정집을 활용해 식당을 하는 곳이 제법 많다. 직장인과 유동인구가 많아 음식업을 하기에는 너무나도 좋은 입지이다.

이때 그 동네에 살고 있고 식당을 하려고 하는 모 씨로부터 "집세는 넉넉히 드릴 테니 집을 빌려 달라"는 제안을 받았다면 당장 굴러오는 월세만을 생각해서는 안 된다. 이유는 1세대 1주택이라도 점포로 이용하고 있다면 점포의 양도로 보아 양도소득세를 한 푼 에누리 없이 납부해야만 하기 때문이다.

세무서가 주택이 점포로 쓰이고 있는지 어떻게 알 수 있겠느냐고 반문하겠지만 천만의 말씀. 음식업을 하면 해당 구청에 식품위생업 허가를 받아야 하고, 그 다음에는 관계서류가 세무서로 넘어가기 때문에 사업자 등록 여부에 관계없이 알게 되어 있다.

따라서 점포로 활용 여부를 결정하기 이전에 자신의 주택이 보유기간이 오래 됐다면 그 동안의 지가상승이 상당할 것이므로 그에 따른 양도세금을 산출해 보고 세금을 커버하고도 월세수입이 충분하다면 임대를 해도 좋을 것이다.

들어오는 돈은 월세수입에서 임대소득에 대한 종합소득세를 뺀 세후 순월세 수입이고 나가는 돈은 활용 도중 집을 식당으로 양도할 경우의 양도소득세이므로 이 두 가지를 비교해 세후 순현금이 큰 안을 선택하는 것이 바람직하다.

대지 넓은 단독, 1세대 1주택도 세금 낸다

신축 또는 증축으로 조건 맞춰라

퇴근 후 아래층에서 살고 계신 아저씨가 고지서를 한 장 달랑 들고서 올라오셨다. 순간 무슨 세금이 나왔구나 하는 직감이 들었다. 아니나 다를까, 그가 자신의 고향집을 지난해에 팔았는데 세금이 나왔다. 그는 "하나뿐이 없는 집을 팔았는데 무슨 세금이냐"라고 펄쩍 뛰었다. 여러 가지 사항을 질문한 결과 원인은 딱 한 가지, 땅이었다.

그가 판 집은 마당이 넓었다. 주택 면적은 28평이지만 대지는 230평이나 됐다. 그 지번의 도시계획확인원을 발급, 확인 결과 도시계획구역 이내의 토지였다. 결국 비과세되는 토지 면적인 주택 면적의 다섯 배에 해당하는 140평(= 28×5)을 제외한 90평이 과세된 것이다.

그러면 이 경우 절세 대책은 무엇일까. 생각보다는 쉽게 답을 찾을 수 있다. 사전에 주택을 양도할 계획이 있다면 조그마한 사랑방이나 화장실 등을 신축하거나 증축하면 된다. 증축 후의 전체 주택 부분의 면적이 대지의 1/5 이상만 되게 만들면 된다.

따라서 이 사례의 경우 대지 면적이 230평이므로 주택 면적은 그 1/5인 46평 이상 되면 된다. 현재의 주택 면적이 28평이므로 18평 이상 집을 넓히면 1세대 1주택의 비과세가 가능하다.

비과세 상가주택, 반드시 신고하라

권리 위에 잠자는 자는 보호받지 못한다

상가주택으로서 주택 부분의 면적이 상가 부분의 면적보다 커 상가주택 전체가 비과세에 해당되는 건물을 매도했다면 반드시 양도소득세 비과세 신고를 하라.

원칙적으로 양도소득세가 비과세되는 경우에는 납세의무가 없어 신고의무도 없지만 상가주택의 경우에는 몇 가지 사유로 비과세 신고를 해 자칫하면 양도소득세가 과세될 수 있는 세무상의 위험을 회피하는 것이 상책이다.

상가주택은 주택과 상가의 겸용이라서 그 건물을 매수한 사람이 자신의 용도나 사용계획에 따라 언제라도 상가주택을 증·개축하거나 용도 변경해 주택 부분과 상가 부분의 면적이 바뀔 개연성이 높다.

심지어 기존 상가주택을 철거해 전혀 새로운 형태의 건축물을 신축할 가능성도 배제할 수 없다. 게다가 비과세 판단 사유가 건축물대장을 근거로 한 것이 아니고 실제 사용하는 용도로 판단하게 되어 있으므로 양도인인 본인의 의사와는 전혀 관계없이 매수인의 사정에 따라 언제든지 건축물의 용도가 변동될 수도 있다.

그러므로 매도시점에서 주택 면적이 상가면적보다도 크다는 서류를 건축물대장, 매도 당시의 각 층별 실제 용도를 증명할 수 있는 사진(촬영일자와 시각 표시), 관련 세입자, 이웃주민들의 사실확인서 등 증거서류를 비과세 요건임을 입증할 수 있는 서류에 첨부하여 양도소득세 비과세 신청서를 관할 세무서에 신고하라.

물론 세무서에 신고한 비과세 서류의 보관분은 자신이 별도로 챙겨야 한다. 비과세 제도를 정확히 숙지하고 활용한다는 것은 새로운 재테크의 시작이다. 세금은 아는 만큼 줄일 수 있다. 비과세제도를 충분히 이용하는 것도 납세자의 당연한 권리이다. 권리 위에 잠자는 자는 보호받지 못한다.

부모형제 주민등록, 건드리면 다쳐

거주 사실 여부 증명

몇 년 전만 해도 의료보험 때문에 참 많은 사람이 양도소득세 전쟁을 치렀다. 대부분 부모나 장인장모의 건강을 지키려는 의료보험을 이용할 목적으로 자식 중 직장의료보험에 가입되어 있는 아들딸에게 부모 또는 장인장모의 주민등록을 전입시켰다.

그러나 이것이 양도소득세의 화근이 될 줄이야 누가 알았겠는가. 주민등록등본을 들여다보면 아들 내외도 집이 한 채, 부모 또한 아파트 한 채 있으니 1세대 2주택은 당연지사.

가끔씩 처남 주민등록도 옮겨놓았다가 뒤늦게 세금 문제가 발생하면 집안 싸움하는 경우가 종종 발생했다. 부모나 장인장모의 경우 주민등록만 되어 있을 뿐, 사실상으로나 경제적으로나 자식들과는 떨어져서 완전히 독립적으로 살고 있다는 사실을 증명해야 부모와 자식 간에 각각의 1세대로 인정되어 양도소득세를 피해 갈 수 있다.

하지만 아주 연로하고 별다른 재산이 없는 부모의 경우는 부모와 자식이 경제적으로도 사실상으로도 독립적인 세대이며 동일한 세대가 아니라는 사실을 입증하기가 쉽지가 않다. 노령의 어르신들은 독자적으로 생활을 유지할 수 있는 경제력이 있다고는 인정할 수 없어 누군가 자식들이 부양할 것이므로 결국 부양하고 있는 자식과 부모는 경제적인 의미에서도 1세대로 판단되기 때문이다.

아파트 매입하고 1년 후 지방근무 자원하라

1년 이상 거주조건은 필수

세법에서는 1년 이상 거주한 주택을 부득이한 사유로 양도할 경우 3년 이상을 보유하지 않아도 비과세를 적용한다. 그러므로 주택을 구입한 지 1년 이상 됐다면 지방근무를 자원해 그 동안 증가된 양도소득을 실현시켜라. 기존 주택을 팔고 더 크거나 입지가 좀더 우월한 곳에 재투자하는 방안도 고려하라.

근면하고도 성실한 보통사람에 해당하는 직장인에게 주택은 보금자리이자 재테크의 가장 안전하고 수익성 있는 투자대상이다. 수익성과 안전성은 비과세 규정을 최대한 활용하는 것에서 창출될 수 있다.

이 규정은 자신뿐만 아니라 배우자 직장 이동도 동일하게 부득이한 사유로 인정하고 있으니 배우자의 전근도 활용해 보라.

직장 이동 이외에도 취학(자녀의 취학은 고등학교 이상)이나 1년 이상 질병의 치료나 요양을 위해 집을 파는 경우에도 비과세가 가능하다.

이때 중요한 것은 양도주택에서 반드시 1년 이상의 거주요건이 필요하며 주민등록등본에 의거, 취득일 이후의 거주일부터 부득이한 사유가 발생한 날까지를 거주기간으로 계산한다.

MBA 유학자금은 국세청에서

보유 · 거주기간 없이 비과세

20~30대 직장인의 마음을 한두 번은 흔들어 놓는 MBA. 그러나 결코 만만치 않는 유학자금. 아파트 팔아 가야 하나. 마침 정부의 세제지원도 있고 하니 가고 싶다면 과감히 가라. 1년 이상 유학하는 경우 세대원 전부가 출국한다면 보유기간도, 거주기간의 제한 없이 비과세혜택을 받을 수 있다.

추가로 이민 가거나 해외지점 발령을 받고 떠나는 사람 모두가 가족을 데리고 비행기 트랩을 오르면 세금은 1원도 받지 않는다.

한 가지 유념할 것은 유학이나 이민의 경우 입학허가서나 해외이주확인서의 신청부터 발급까지 상당한 시일이 소요되는 것이 일반적이라는 사실이다.

그러니 유학이나 이민을 기정 사실이라고 생각하고 집을 미리 팔아 버릴 경우 낭패를 볼 수 있으므로 서둘러 집을 처분하지 말아야 한다.

양도시점과 해외 이주나 입학허가서의 발급시점 및 출국시점 등에 상당한 시간 차이를 보이게 된다면 과세당국은 비과세보다는 과세처분을 하는 것이 현실이기 때문이다.

9가구가 살고 있는 다가구, 비과세받는 요령

다가구주택도 비과세 가능

다가구주택 역시 세법상 황금박쥐이다. 공동주택이 될 수 있고 단독주택도 될 수 있기 때문이다. 소득세법은 일반적으로 공동주택으로 본다.

소득세법 시행규칙 제74조는 다가구주택에서 한 가구가 독립해 거주할 수 있도록 구분된 부분을 각각 하나의 주택으로 본다고 규정하여 공동주택의 입장을 보이고 있다.

다가구주택은 하나의 가구 단위가 다른 가구와 완전히 독립, 주거생활을 할 수 있도록 건축됐고 실제로도 임대형태로 각각 별도의 세대에게 점유되고 있는 현실을 입법화한 것 같다.

그러나 다가구주택을 각 가구별로 개별 분양하지 않고 그 전부를 하나의 매매 단위로 하여 1인에게 양도하거나 1인으로부터 취득하는 경우에는 단독주택으로 본다고 소득세법시행령 제155조 15항이 규정함으로써 서민이 소유하고 있는 소규모 다가구주택에 대한 1세대 1주택 비과세 제도의 길을 열어 주었다.

그러므로 비록 9가구가 살고 있는 다가구라고 해도 그 전체를 한 사람이 소유하고 있고 3년 이상 보유했다면 1세대 1주택으로 비과세를 받을 수 있다. 다만 다가구주택이 소득세법에서 정하고 있는 고급주택에 해당하지 않아야 한다.

여기에서 1세대 1주택 비과세 요건을 갖춘 구 주택을 헐고 다가구주택을 신축해 양도한 경우를 생각해 보자. 국세청은 새로 신축한 다가구주택이 양도일 현재 3년 이상이 경과되지 않았다면 토지 부분에 대해서는 비과세를, 건물 부분에 대해서는 다가구 건물 면적 중에서 구 주택의 건물 면적을 초과한 부분은 과세를 한다고 유권해석을 내리고 있다.

3년 보유기간의 계산방법

보유기간이 절세의 열쇠

1세대 1주택이라도 보유기간이 3년 미만이라면 아까운 재산을 국고에 헌납하거나 부득이 처분시기를 늦추어야만 한다. 그만큼 보유기간이 결정적인 절세의 열쇠이다.

일반적으로 보유기간의 계산은 등기부등본으로 하지만 엄밀하게는 매매계약서의 잔금일자를 기준으로 따져야 한다.

자신이 갖고 있는 등기권리증에 첨부된 검인계약서에 기재된 잔금일이 곧 해당 부동산을 취득(양도)한 날이다. 만일 잔금을 받기 전에 소유권이전등기를 한 경우에는 등기접수일이 된다. 그날부터 정확히 3년 이상이 되어야 비과세 혜택을 받을 수 있다.

만일 살고 있는 집이 노후화되어 헐고 다시 지은 경우에는 헐기 전 주택의 보유기간과 공사기간 및 새로 지은 주택의 보유기간을 모두 합산해 판단한다.

살고 있는 주택이 재개발이나 재건축 때문에 철거되고 그후 건축공사를 거쳐 재개발(재건축)조합원이 취득하는 아파트의 경우에도 마찬가지이다.

두 집 갖기 운동은 정부공인 재테크

기간 계산만 잘 하면 1세대 2주택 가능

우리 모두 국세청이 밀어주는 두 집 갖기 운동에 적극적으로 참여하자. 1세대 1주택자가 현재 가지고 있는 집을 팔기 전에 새로운 집을 사거나 짓고 그날로부터 1년(2002년 3월 30일 이전은 2년) 이내에 헌 집을 양도하면 세금을 내지 않아도 된다.

다만 팔아 버린 헌 집의 보유기간이 3년 이상(서울과 수도권 5개 신도시의 경우는 2년 거주요건도 충족한 경우)만 된다면 양도소득세는 전혀 없다.

이 규정은 집 한 채를 산 지 2년 만에 또 한 채를 사고 새 집을 산 지 1년 있다가 먼저 산 집을 팔게 될 경우에는 세금은 받지 않겠다는 파격적인 제도이다. 따라서 기간 계산만 잘 하면 지속적으로 1세대 2주택이 가능하다.

이러한 세법은 어느 정도 세법 지식과 목 좋은 부동산에 대한 식견, 투자할 정도의 자금만 준비되면 얼마든지 정부의 공인 아래 주택에 투자해 재테크를 향유할 수 있는 제도이기도 하다.

동시에 이 같은 비과세 제도는 여유 계층에게 얼마든지 세금을 내지 않고 부동산 투자수익을 고스란히 챙길 수 있는 제도상의 허점이 된다.

그러나 이 법은 부동산 가격이 지속적으로 상승하거나 하향 안정화된다면 부동산시장 상황에 맞게 탄력적으로 일시적으로 유예하여 주는 2주택의 중복 보유기간이 변경될 수 있다.

주택가격이 하루가 다르게 오르던 지난 시절 아파트의 경우에는 일시적인 2주택 보유기간을 6개월이라는 초 단기간을 정한 때도 있었고 지난 2002년도 3월까지만 해도 2년 기간이라는 비교적 충분한 중복 보유기간을 허용했다.

하지만 국세청은 2002년 3월 30일 소득세법 시행령을 개정하면서 주택가격 안정을 도모하고자 중복 허용기간을 2년에서 1년으로 단축하고 경과규정을 마련했다.

예컨대 다른 주택을 취득한 날로부터 개정규정 시행일(2002년 3월 30일)까지의 기간이 1년 미만인 경우에는 2003년 3월 29일까지 양도를 하면 양도세가 면제되도록 한 것이다.

또한 시행일까지의 기간이 1년을 초과한 경우에는 종전 규정대로 중복허용기간인 2년 이내에 종전 주택을 양도하면 비과세 혜택을 받을 수 있다.

2003년도부터 상속주택은 세금을 낸다

상속받으면 무조건 과세

무주택자나 1주택자가 한 채의 집을 상속받았다면 그 상속받은 집은 언제 팔든 보유기간에 관계없이 비과세 혜택을 주었던 세법규정은 2003년 1월 1일 이후부터 개정되어 상속받은 주택이라도 반드시 세금을 내야 한다.

다만 2003년 1월 1일 이전 개정된 세법시행 전에 상속받은 주택에 관해서는 2004년 12월 31일까지 양도하는 경우에 한해 종전의 비과세 규정에 의거, 양도소득세를 면제한다.

분양권 팔고 세금 안 내는 법

분양권은 대박

지난 2001년부터 2003년 봄철까지 그야말로 분양권 투자가 대박에 대박을 기록했다. 투자자에게 대박을 안겨 주었던 분양권의 세금 문제를 한번 짚어 보기로 하자.

분양권은 세법상 부동산을 취득할 수 있는 권리라고 정의되며 양도의 대상에 해당한다. 그러면 재개발이나 재건축조합원이 갖고 있는 분양권을 팔고 양도소득세를 안 내는 방법이 무엇일까.

건물이 관리처분계획 인가일이나 사업계획 승인일 또는 그 이전에 건물이 철거된 경우에는 철거일 현재 기존 주택이 1세대 1주택으로 3년 이상 보유(서울 등 신도시 지역은 2년 이상 거주)한 조합원이 갖고 있는 분양권을 양도한다면 양도일 현재 다른 주택이 없는 경우에 한하여 세금을 받지 않는다.

따라서 분양권 팔고 세금 내지 않으려면 재건축 공사기간에는 세를 살아야 하며 절대로 집을 매입하면 안 된다.

그러나 남의 집 살이가 정말 싫다는 사람들을 위한 재테크 방법이 하나 있다. 재건축 공사기간 중에 임시로 거주하기 위해 다른 주택을 취득하여 거주하다가 재건축아파트의 준공으로 입주하기 위해 잠깐 살던 집을 팔면 비록 3년 미만이라도 양도소득세는 비과세된다. 이 규정도 재산을 늘리고 세금을 내지 않는 고마운 당국의 협조가 아니겠는가.

재개발된 새 아파트로 이사 가고 살던 집 팔면 세금 없다

달동네에서 10년간 살다가 재개발 조합이 결성되어 재개발 조합원으로 활동하는 김 씨. 재개발 사업시행으로 정든 집 철거되어 이주비받은 돈과 적금을 부은 돈을 뭉쳐 옆 동네로 집을 사서 이사 가고, 정들었던 달동네에 쑥쑥 올라가는 아파트 바라보는 맛에 살고 있었다.

드디어 새 아파트로 입주하라는 입주통지서 받아들고 기뻐한 김 씨. 그 동안 잠깐 살고 있는 집을 팔아 버리려 중개업소에 집을 내놓았다. 그런데 지금 이 집 팔면 세금을 내야 될까. 아직 2년도 안 됐는데.

도시재개발법에 의한 재개발 조합원이 재개발사업 시행기간 중에 다른 주택을 취득해 거주하고 있다가 준공된 재개발아파트로 세대 전원이 이사 가게 되어 살고 있는 집을 팔면 3년이 안 되었다 해도 세금은 안 낸다.

달동네 집이 재개발로 철거되어 집을 사서 이사 간 다음 재개발기간 동안 살다가 아파트가 준공되어 새 아파트로 온 식구가 이사 가게 되면, 그때까지 살던 집을 팔 때 양도소득세는 없다.

그러나 이때 함정은 살던 집이 안 팔리거나 제반 사정으로 새로 지은 아파트를 먼저 팔아 버리면 세금을 내야 한다는 사실이다. 참고로 본 비과세 조항과 관련해 국세청에 질의한 내용을 게재한다.

번호 37109   작성일자 2002년 01월 25일   조회수 199

제목 : 재건축아파트와 재건축기간 중 취득한 주택의 양도세 질의

질문자 : 김기풍

질문 : 재건축이나 재개발아파트에 대한 양도소득세 질문입니다.

소득세법 시행령과 시행규칙의 1세대 1주택 비과세요건 중 재개발, 재건축에 관한 규정을 보면 재개발(재건축)주택조합원이 재개발(재건축)사업시행기간 중 다른 주택을 취득하여 거주하다가 재개발(재건축)사업이 완료되어 지어진 새로운 아파트로 세대 전원이 이사를 가면 당해 주택의 보유기간이 3년 미만이어도 비과세한다고 하였습니다.

이 경우 재개발(재건축)된 새 아파트로 이사 가고 재개발(재건축) 기간 중에 살던 집을 언제까지 양도하여야 비과세되는 것인가요?

재개발(재건축)사업시행기간 중에 살던 집이 안 팔려 재개발(재건축)된 새 아파트를 먼저 양도한다면 1세대2주택으로 세금을 내야 한다는데, 이때 새 아파트의 양도일 현재 새 아파트의 보유기간이 3년 이상(재개발이나 재건축전의 보유기간+공사기간+준공후 보유기간의 합산기간)이고 재개발(재건축) 기간 중에 살기 위하여 취득한 다른 주택의 취득일로부터 2년 이내라면 새 아파트가 비과세되는 것인가요?

살던 집이 길 낸다고 헐렸다면?

주택이 수용되어도 비과세

나름대로 화목하게 살고 있는 하남의 허 씨. 어느 날 국토지방관리청에서 날아 온 토지수용통지서. 내용인즉, 국도를 4차선으로 확장하려 하니 허 선생님의 집을 수용한다는 소식.

이러한 경우에 허 씨의 주택과 그 부수토지가 1세대 1주택의 요건에 부합한다면 양도소득세는 없다. 이때 허 씨의 주택 중 일부만이 수용됐고 나머지는 수용에서 제외되었을 경우에는 수용일로부터 2년 이내에 남아있는 주택과 토지를 팔아야지 늑장을 부리면 세금을 물린다.

그러나 수용 당시 이미 주택의 보유기간이 3년 이상 경과되어 비록 수용의 원인이 아니라도 비과세 요건이 충족된 경우 잔여토지를 2년 이내에 양도해야 하느냐 하는 의문점이 있다.

일선 세무서와 국세청에서는 2년 이내에 반드시 매각해야만 비과세 혜택을 받을 수 있다고 그릇되고 편협되게 법령을 해석하여 여러 차례 과세를 했고 납세자들은 이에 불복했다.

국세심판원은 1세대 1주택 비과세규정에 대한 소득세법의 근본취지와 세법의 해석·적용에 있어서는 과세의 형평과 당해 조항의 합목적성에 비추어 납세자의 재산권이 부당히 침해되지 않도록 해야 한다는 국세기본법의 세법해석의 기준에 비추어 과세처분은 부당하다고 납세자의 손을 들어 주었다(국심99중2439. 2000.6.17, 국심99중1385. 1999.11.19, 국심99경25. 1999.10.25 등－국세심판원).

1999년, 그들만의 축제

계약일 기준일 이전이면 OK

IMF의 산물 중의 하나로 1999년 1월 1일부터 1999년 12월 31일까지 매매계약을 체결(공매 또는 경매도 포함한다)하고 계약금(공매, 경매의 경우 입찰보증금)을 지급한 사람이 취득하는 주택은 1년 이상 보유만 하고 양도해도 1세대 1주택이라면 양도소득세는 내지 않는다. 같은 기간 중 자기가 건설한 주택(주택조합에 의해 조합원이 취득한 주택도 포함)으로서 사용승인 또는 사용검사를 받은 주택 역시 마찬가지이다.

이러한 특례규정에서 챙겨야 할 것은 비록 등기부등본 상으로는 2000년도에 소유권 이전등기가 되어 있어도 계약일이 1999년 12월 31일 이전이면 비과세를 받는다는 점이다. 계약일은 갖고 있는 등기권리증에 첨부된 매매계약서를 보면 확인할 수 있다.

자기가 직접 건축하거나 조합주택을 취득한 경우에는 1999년 12월 31
일까지 사용승인(준공검사)을 받아야만 한다. 사용승인 날짜는 건축물관
리대장에 기재되어 있으므로 누구나 용이하게 비과세 여부를 판단해 볼
수 있다.

효부를 위한 나라님의 '성은'

심청 이야기

일시적 2주택의 중복허용기간이 2년에서 1년으로 단축되었음에도 불
구하고 직계존속을 모시고 살기 위한 경우와 결혼으로 2주택이 된 경우
에는 현재까지도 계속 중복보유기간이 2년으로 되어 있음을 세테크에
충분히 활용해야 한다.

요즈음 시부모를 모시며 함께 살고 있는 전국의 며느님에게 나라님도
감동을 했다. 그래서 만든 보너스가 시부모님이나 장인장모님을 정성껏
모시는 며느리 또는 사위에게 어른들을 모신 날로부터 2년 이내에 먼저
파는 집은 3년 이상만 되었다면 세금은 없다.

아들 내외도 집이 한 채이고 부모도 집이 한 채여서 어른은 모시고 싶
지만 1세대 2주택으로 양도세가 효심을 가로막으니 나라님인들 어찌 마
음이 아프지 않으리.

모신 날로부터 2년 기간의 입증은 주민등록으로 증명하니 며느님이나
사위님은 반드시 전입신고를 점검하시오. 모시는 집은 아들 집이든 부모
의 집이든 불문이다.

결혼 전에 열심히 직장생활을 하거나, 아니면 창업 일선으로 뛰어다니며 나름대로 집을 사고 차도 사고 날만 잡으면 된다 하는 화려한 싱글들에게도 당국의 배려가 없을소냐.

싱글 때 각각 아파트 한 채씩 매입해 갖고 있는 사람들이 결혼하면 그 날로 1세대 2주택이 되니 사랑이 먼저냐, 세금이 먼저냐 고민이다.

국세청이 두 사람의 사랑을 방해할 수는 없고 해서 만든 보너스. 화려한 싱글이 혼인한 날로부터 2년 이내에 먼저 파는 집은 양도일 현재 3년 이상이 되었으면 비과세에 처한다는 것이 그것이다.

그러므로 두 사람은 신혼여행을 끝내고 혼인신고를 제때 한 후 처분할 아파트는 3년 이상 보유한 것 중 세금을 낸다고 가정해서 양도소득세가 많이 계산되는 것으로 결정하세요.

고가주택이 뭐길래?

국세청장이 말하는 고가주택 기준

2002년 12월 31일 이전까지는 고급주택이라면 1세대 1주택이라도 양도소득세가 비과세되지 않았다. 당시에는 아파트나 연립주택 등 공동주택의 경우 전용면적이 149㎡(45평) 이상, 단독주택의 경우 연면적이 264㎡(80평) 이상이거나 주택의 부수토지 면적이 495㎡(150평)이고 양도가액이 6억 원을 초과하는 주택에 대해서는 고급주택이라고 규정했다.

그러나 지금은 면적 기준과 금액 기준의 두 가지 요건을 모두 충족해야만 고급주택이라 본다.

2002년 12월 하순에 소득세법과 관련 시행령을 개정하여 주택유형에 관계없이 고급주택의 판정기준을 금액 기준으로만 단일화하고 그 용어도 고가주택으로 변경하여 2003년 1월 1일 이후부터 시행하기로 공포한 것이다.

고가주택에 대한 관련법령 시행으로 인해 새로이 고가주택에 편입되어 1세대 1주택자로 양도소득세가 과세되는 것에 대한 조세저항을 무마하고자 경과규정을 부칙에 규정하기도 했다.

전용면적기준 45평 미만의 아파트 양도자에 대해서는 2002년 12월 31일까지 매매계약을 하고 2003년 2월 28일까지 잔금을 수령하고 양도한 사람에게는 종전 규정에 따라 양도소득세가 비과세되는 내용이 그것이다.

또한 매매계약일이나 잔금수령일이 위 경과규정에 부합하지 않아 양도소득세가 과세되는 양도자에 대해서는 장기보유특별공제를 현행보다 대폭 상향하여 공제하기로 그 규정을 신설, 보완했다.

이는 결국 5년 이상 보유한 경우에는 양도차익의 25%를, 10년 이상 보유하고 양도한 사람에게는 50%의 양도차익을 공제한다는 것이다. 하지만 1세대 1주택의 비과세 요건에 해당되어도 소득세법 시행령 제156조의 고급주택 기준에 해당되면 비과세 대상에서 제외한다.

단독주택(단독주택으로 보는 다가구주택 포함)의 경우 ▲주택의 연면적이 264㎡(80평, 주거전용 지하실 면적 포함) 이상이고 그 건물의 국세청 기준시가가 4,000만 원 이상으로 양도 당시의 실지거래가액이 6억 원을 초과하는 주택 ▲주택에 부수되는 토지 면적이 495㎡(150평) 이상이고 그 건물의 국세청 기준시가가 4,000만 원 이상으로 양도 당시의 실지거래가액이 6억 원을 초과하는 주택 등이 고급주택이 된다.

공동주택의 경우에는 ▲주거전용면적(주거전용으로 사용되는 지하실 면적 포함)이 165㎡(50평) 이상이고 양도 당시의 실지거래가액이 6억 원을 초과하는 주택 ▲위의 주택에 승강기나 에스컬레이터 또는 67㎡ 이상의 풀 중 1개 이상이 설치된 주택 등이 해당된다.

구청장이 말하는 고급주택 기준

구청장이 성전으로 여기는 지방세법에서는 종전과 동일하게 금년에도 계속해 고급주택이라는 용어를 적용하고 있다. 그 내용을 자세히 들여다보면 고급주택은 지방세법시행령 제84조의3 제2항에 규정하고 있다.

이 규정에서는 단독주택의 경우 ▲건물 연면적(주차장 면적은 빼고)이 331㎡(100평)를 넘고, 시가표준액이 2,500만 원을 초과하는 주택 ▲건물의 대지 면적이 662㎡(200평)를 넘고, 그 건물의 시가표준액이 2,500만 원을 초과하는 주택 ▲승강기나 에스컬레이터 또는 67㎡ 이상의 풀장 중 1개 이상이 설치된 주택 등을 고급주택으로 보고 있다.

전용면적이 245㎡(74평)(복층형은 274㎡, 약 83평)를 초과하는 공동주택 역시 고급주택 범주에 포함된다.

고가(고급)주택 기준의 용도

고가(고급)주택 기준의 용도는 국세청과 구청장 기준이 다소 차이를 보인다. 국세청 기준으로는 1세대 1주택 양도소득세의 비과세 판정 등 국세부과에 적용하는 반면 구청장 기준으로는 지방세 중 취득세나 재산세 중과규정 등 지방세 부과에 적용한다.

이처럼 기준의 차이를 보이는 것은 지방세법의 면적 기준이 소득세법상의 면적 기준보다 크기 때문이다. 고로 면적만 보면 구청장의 스케일

이 더욱 크다고 할 수 있다.

양도세 없는 8년 자경 농지란

자경 농지란

농지소재지에 거주하는 사람이 계속해 8년 이상 직접 경작한 토지로서 농지세 과세대상이 되는 양도일 현재의 농지를 말한다.

그러나 2003년도 1월 1일부터는 농업진흥지역 내에서 5년 이상 자경한 농지를 농업기반공사나 농업법인에게 양도하는 경우 양도소득세를 면제하여 줄 수 있도록 자경 농지에 대한 양도소득세 감면 요건을 완화했다.

농지소재지에 거주하는 자

8년 이상 농지가 소재하는 시·군·구나 그 지역과 연접한 시·군·

구 안의 지역에 거주하면서 경작한 사람을 말한다. 재촌 요건이라고도
한다.

8년 이상 자경의 의미

자경이란 의미는 자신이 직접 논밭을 갈고 씨를 뿌리고 추수를 하는
육체적 노동에 의한 영농활동에만 국한되는 것이 아니며, 포괄적으로 자
신의 책임 하에 영농하는 것을 말한다.

그러므로 자신이 종묘나 비료를 구입하고 파종, 해충 제거나 수확에
필요한 노동력을 구입해 영농활동을 지속적으로 했다면 당연히 자경으
로 인정된다.

재촌·자경 기간의 계산은 농지를 취득할 때부터 양도할 때까지 토지
등기부등본, 주민등록등본, 농지원부 등을 가지고 판단한다. 이때 잠시
농지를 떠나 외지로 전출한 경우 전출기간을 제외하고 계산한다.

자경 농지를 상속받은 경우에는 돌아가신 분이 생전에 재촌 자경한 기
간도 합산해 준다. 하지만 증여받은 경우에는 농지를 받은 사람이 직접
경작한 기간만 계산한다.

본인이 반드시 농사를 지어야 하나

아니다. 본인뿐만 아니라 자신과 생계를 같이 하는 부모 또는 자식이
농사를 지어도 된다. 반대로 부모나 자식의 논밭을 자신이 대신 지어도
자경으로 인정한다.

양도일 현재의 농지

자신이 8년 이상 재촌 자경했다고 해도 양도일 현재 반드시 농지여야

양도소득세를 면제받는다.

과세당국과 납세자 간에 농지 여부를 둘러싸고 그 동안 조세마찰이 빈번히 발생했는데 그중에서 중요한 몇 가지를 예시함으로써 농지의 개념을 좀더 명확히 제시하고자 한다.

① 지목이 비록 전이라고는 하지만 주택 및 상가 건물로 둘러싸인 도시지역의 소규모 토지로서 근린생활시설 건물의 부수토지로 인정되므로 양도 당시 농지로 볼 수 없다(국심2001중2455, 2002.1.7-국세심판원).

② 양도 당시 무허가 건물이 있었고 건축자재 적재용 등으로 사용되어 정상적으로 농사를 지었다고는 인정할 수 없으므로 양도일 현재 농지로 볼 수 없다(국심2001중1611, 2001.12.26-국세심판원).

③ 지목이 전으로 되어 있으나 양도 당시 농지의 이용현황이 농작물이 식재되지 않은 공지 또는 나대지이거나 인근 건물의 부속 용지로 활용되고 있어 양도 당시의 농지로 볼 수 없다(국심2001구722, 2001.12.5-국세심판원).

④ 공부상 지목이 농지라고 하더라도 양도일 현재 실제로 경작에 사용되고 있지 않는 토지는 농경지로 사용되지 않고 있는 사유가 소유자의 자의든 타의든 간에 상관없이, 일시적으로 휴경 상태에 있는 것이 아닌 한 양도일 현재 농지라고 볼 수 없다(감심2000-77, 2000.5.9-감사원).

반드시 지목이 전·답이어야 하나

아니다. 토지대장이나 등기부등본에 기재된 지목에 관계없이 실제로 경작에 사용된 논밭을 의미한다. 추가적으로 농지경영에 필요한 농막,

퇴비사, 양수장, 농도, 수로 등을 포함한다.

자경 농지 입증방법

자경 농지를 증명하는 방법은 주민등록등본, 토지대장, 토지등기부등
본, 농지세과세증명서 및 농지원부 이외에 자신이 영농 활동시 구입한
농약, 비료, 종묘 등 구입 영수증, 농기계 임차료(농기계 소유자는 농기계
등록증) 영수증 등을 함께 제시하면 된다.

시골에 매입해 놓은 농지, 비과세받는 요령

유비무환 앞에 패전은 없다

시골에 살면서 전업으로 영농을 하는 오리지널 농민의 경우에는 거의
세금 걱정을 하지 않는다. 이유는 간단하다. 전답을 판다는 생각을 안 하
기 때문이다.

반면 도시, 그것도 시골 소도시의 직장인들에게는 조금은 농사도 짓고
싶고 재테크도 하고픈 마음이 있다.

이러한 직장인들의 소망을 실현시키고 재테크도 가능한 방법, 즉 시골
에 매입해 놓은 농지를 세금 안 내고 파는 방법이 있을까. 방법은 있다.
양도소득세 없는 8년 자경 농지를 찬찬히 뜯어 보면 길이 열린다.

우선 재촌하라. 농지소재지나 연접한(지도에서 경계가 붙어 있는)
시·군·구를 선택해 주민등록을 이전하고 버텨라. 세월은 화살과 같다.

그 다음 농지소재지 시·읍·면사무소에 가서 농지원부를 만들어라.
처음 주민등록을 전입하고 마을에 있는 농지관리위원, 이장, 새마을회장

을 만나서 자신의 영농에 관한 포부와 열정을 설파하라.

이후 농사를 지어라. 영농은 자신의 책임 하에 농사를 지으면 된다. 영 농사실의 근거를 반드시 남겨라. 모든 것은 기록과 증빙이다.

논밭갈이, 파종, 비료살포, 추수 등 일련의 과정을 카메라에 날짜 박아서 영농일지에 붙여 놔라. 비료, 종묘 일꾼 품삯의 영수증에 사인이나 도장을 받아 두는 것도 잊지 마라. 지피지기와 유비무환 앞에서 패전은 없다.

영농은 본인 의사 따라 충분히 가능하다

대부분 직장인이 재촌 자경을 했다고 해도 과세당국은 이를 부인해 과 세를 해왔다. 납세자가 직장이나 자영업을 계속적으로 수행해 왔고 구체 적으로 영농을 했다는 증거서류를 제출하지 않은 상태에서 단순히 이웃 주민들의 영농사실확인서만 가지고는 자경으로 인정할 수 없다는 취지 에서였다.

그러나 납세자가 승소한 부분도 있어 소개하니 절세전략에 적극 반영 하자.

국세심판원이나 대법원은 자경 농지의 양도소득세 불복사건을 심리하 는 과정에서 직장인이라고 해도 영농사실 유무에 관해 신뢰할 만한 영농 증거가 있다면 영농사실을 인정해야 하고 영농인이 회사에 근무하는 등 다른 직업의 유무와 관련지어 영농사실을 판단해서는 안 된다고 보았다. 우리나라의 영농현실로 볼 때 1년 365일 영농활동을 지속적으로 하는 것 은 아니다. 논농사의 경우 봄부터 가을까지 약 120일 정도밖에 영농시간 이 소요되지 않는다는 것도 참고하라. 그러므로 다른 직업이 있다고 해 도 영농은 본인의 의사에 따라 충분히 가능하다고 보는 것이 국세심판원 이나 대법원의 판례이다(국심2000중2368, 2001.5.1－국세심판원, 대법

2000두10076, 2001.12.27 — 대법원).

종중 농지 팔고 세금 안 내는 방법

직접 경작한 것으로 서류 구비하라

집안 대대로 내려온 문중의 전답. 집안 어른들은 그 전답을 수확해 거기에서 나온 수입으로 1년에 여러 번씩 치르는 각종 대소사에 필요한 경비로 쓴다. 일종의 문중 펀드인 셈이다.

그런데 추상적인 집합체인 문중이 농사를 직접 지을 수는 없고 문중소유 농지를 누가 관리하나.

이때는 그 문중의 한 자손이 문중소유 농지에 재촌하면서 경작했음을 여러 가지 증거자료로 입증하면 문중소유 농지라고 해도 8년 자경 농지로 판단, 양도소득세는 면제된다.

그러나 자손 한 사람이 아니고 여러 사람이 서로 당번제로 하여 1~2년씩 농사를 지었다면 향후 양도할 경우, 양도소득세 면제요건을 용이하게 충족해야 한다는 점도 고려해야 한다.

따라서 이 경우에는 문중농지가 있는 지역에 살고 있는 자손이 직접 경작한 것으로 자경 증명 서류를 구비하는 방향이 좋을 듯하다.

동구 밖 과수원도 양도세 안 낼 수 있다

실제 경작 과수원, 농지에 포함

여러분 가슴속에 지금도 남아 있는 동구 밖 과수원 길, 아카시아 꽃 활짝 피었네!

도시생활에 염증이 났거나 명예퇴직이나 조퇴하고 퇴직금받아 고향에서 과수원을 하다가 다시 도시생활이 그리워 도시로 복귀하고자 과수원을 팔았다면 세금이 나올까.

8년 이상 직접 농사 지은 다음 양도하는 전답에 대해서는 비과세한다는 재촌 자경 농지의 비과세 규정과 연관지어 연구하여 보면 답이 나온다.

논밭을 사서 농사 짓는 것과 과수원 사서 농사 짓는 것이 무엇이 다를까. 국세청도 이에 대한 해석을 다음과 같이 하고 있다.

농지에는 지적 공부상의 지목에 관계없이 실제로 경작에 사용되는 과수원도 포함한다(조세특례제한법 기본통칙 55-54……1-국세청).

따라서 과수원을 사서 8년 이상 과수원이 소재하는 시·군·구나 연접한 시·군·구에 살면서 과수원을 가꾸며 영농생활을 했다면 비록 토지대장상 지목이 과수원이라고 해도 이를 농지로 보아 양도할 때 양도소득세를 전액 면제한다.

자경농지, 도시계획으로 땅값 오른다고 좋아하다간 큰 일

3년 이내 양도해야만 감면

서울 인근에 십수 년 전부터 살면서 직접 농사를 지어 지금까지 살고 있는 홍 씨는 요즈음 40평생 처음으로 살맛 나는 시간을 보내고 있다. 주변이 온통 아파트나 물류센터 바람으로 땅값이 하루가 다르게 올라가기 때문이다. 정말 금싸라기 논밭이다. 그러나 그 전답의 양도소득세가 언제까지나 세금이 없을까.

8년 이상 재촌 자경 농지에 대해 양도소득세를 면제해 주는 조세특례제한법시행령 제66조에 따르면, 양도일 현재 특별시·광역시 또는 시에 있는 농지 중 도시계획법에 의한 주거지역, 상업지역, 공업지역 안의 농지로서 이들 지역에 편입된 날로부터 3년이 경과하면 양도소득세는 감면받지 못한다. 따라서 3년 이내에 반드시 전답을 양도해야만 양도소득세가 감면된다.

여기에서 도시계획법에 의한 주거지역 등의 확인은 도시계획확인원을 발급받아 확인하면 된다. 그러나 광역시에 포함된 군 지역에 있는 농지와 지방자치법 3조에 의한 도·농 복합형태의 시의 읍·면 지역에 있는 농지는 도시계획법에 의한 주거·상업·공업지역 편입에 관계없이 양도소득세를 면제받을 수 있다.

물류창고 부지로 10억 원에 팔고 양도세 한 푼 안 내는 법

몇 년 전부터인가 자신의 마을에 외지인이 들어와 창고를 짓네, 아파트니 가든 자리를 보네 하며, 들락날락하는 통에 농사 지을 줄만 아는 일용이, 마음 심란하여 농사가 안 돼.

하여 물류센터 부지 알아보는 작자가 땅값 후하게 쳐준다기에 고추밭을 팔았지. 돈 받고 보니 으악! 10억 원! 이때부터 고민고민. 세금을 얼마나 내야 하나.

일용이에게 특효약이 있다. 그것은 농지의 대토에 관한 비과세 규정이다. 비과세 규정을 조목조목 따져 볼까나!

대토하라

3년 이상 재촌 자경한 일용이가 경작상 필요에 의해 그 동안 경작하던 농지를 양도하고 다른 농지를 사서 농사를 지으면 세금은 안 낸다.

1년 내 대토하라

농지를 판 날로부터 1년 이내에 다른 농지를 사거나, 새로운 농지를 산 날로부터 1년 이내에 농사 짓던 농지를 팔면 된다.

3년 이상 재촌 자경하라

새로이 산 농지를 3년 이상 재촌 자경하라. 그러나 농사 짓는 도중 공공사업용 등으로 법률에 의거, 새로 산 농지가 수용되면 3년 미만이어도 세금 추징은 없다.

이때 수용되는 경우라고 하는 것은 공공용지의 취득 및 손실보상에 관한 특례법, 토지수용법, 기타 법률에 의한 경우에 해당한다.

땅 판 평수만큼은 사라

새로 구입해야 하는 농지는 몇 평을 또는 얼마치를 사야 하는가. 새로이 사는 농지의 면적은 양도한 면적 이상이면 된다. 또는 금액으로는 양도가액의 1/2 이상을 투자하기만 하면 된다.

대토는 어디라도 OK

대토할 지역의 범위를 특별히 규정하지는 않는다. 따라서 장소 불문하고 일용이가 농사 짓고 싶은 곳이면 삼천리 방방곡곡 어디라도 좋다.

대토할 땅의 필지 수는 관계없다

일용이가 물류센터 부지로 팔아 넘긴 고추밭이 만일 4필지로 되어 있다면 반드시 새로 사는 전답은 4필지 이상이어야 하는가?

아니다. 필지 수에 관계없이 양도한 전답의 전체 면적과 금액을 새로 취득해야 하는 전답의 전체 면적과 금액을 기준으로 합산해 판정한다.

임야를 사서 개간해도 대토된다

새로 구입하는 땅이 반드시 농지일 필요는 없다. 종전 농지의 양도일로부터 1년 내 농지로서 개간하여 경작 가능한 농지로만 만들어 놓으면 된다.

제2절 임대주택의 양도세 감면제도

5채 이상 국민주택, 5년 이상 임대해도 요건돼야

적용대상

국민주택은 네 가지 요건이 동시에 충족되어야만 양도소득세가 감면된다. 일단 국민주택이어야 하고 1986년 1월 1일부터 2000년 12월 31일까지 신축한 주택 또는 1985년 12월 31일 이전에 신축한 주택으로 1986년 1월 1일 현재 입주 사실이 없어야 한다.

또한 위 주택을 5채 이상 임대해야 하고 2000년 12월 31일 이전에 임대를 개시하여 5년 이상 임대해야 한다.

임대기간 산정방법

임대기간은 임차인의 주민등록등본상 당해 임대주택으로의 전입일자부터 전출일자까지의 기간으로 판단한다. 이 경우 임차인이 주민등록을 임대주택으로 전입하지 않았거나 그 날짜가 실제 임대해 거주한 날짜와 다를 경우에는 사실상의 임대기간으로 본다.

임대에 필요한 이사기간이나 새로운 임차인의 확보 등에 필요한 기간을 고려해 기존 임차인의 퇴거일로부터 새 임차인의 입주일까지의 기간이 3개월을 초과할 경우 3개월만을 임대기간으로 본다.

한편 당초 임대주택을 헐고 재건축한 후에 계속적으로 임대한 경우 건축공사기간은 임대기간에서 제외한다.

감면비율

감면비율은 100% 감면과 50% 감면으로 구분된다. 100% 감면은 ▲임대주택법에 의한 건설임대주택으로서 5년 이상 임대한 임대주택 ▲임대주택법에 의한 매입임대주택 중 1995년 1월 1일 이후 취득 및 임대를 개시해 5년 이상 임대한 임대주택(취득 당시 입주 사실이 없어야 한다) ▲ 10년 이상 임대한 임대주택(일반인의 경우 대부분 이 항목에 적용) 등이 해당한다. 반면 50% 감면은 5년 이상 임대한 주택(일반인의 경우 이 항목 적용)에 국한한다.

세액의 감면 신청

주택 임대를 개시한 날로부터 3개월 이내에 주택임대신고서를 임대주택 소재지 관할 세무서에 제출하면 된다.

임대주택을 양도하고 예정신고나 확정신고기한 이내에 세액감면신청서에 ▲임대주택법 제6조에 의한 임대사업자등록증(임대주택법에 의한 건설, 매입임대주택인 경우에만 해당) ▲임대기간 중의 임대차계약서 사본 ▲임차인의 주민등록등본 ▲임대주택의 등기부등본 또는 토지·건물 관리대장 등을 첨부해 임대인의 주소지 관할 세무서에 신고하면 된다.

1세대 1주택 비과세특례

위의 요건에 부합하는 임대주택은 1세대 1주택 비과세를 판정할 때 임대인의 소유주택으로 보지 않으므로 임대주택사업자라도 주택이 위에서 언급한 임대주택 이외에 한 채 밖에 없다면 1세대 1주택 비과세가 가능하다.

임대주택을 거주자의 소유주택으로 보지 않는 시점은 장기임대주택의 경우는 5호, 신축임대주택은 2호 이상 임대를 개시한 날짜이다(재산 46014-20, 2000.1.20-국세청).

2채 이상 신축 임대주택, 5년 이상 임대하면 양도세 면제

양도소득세 면제조건

다음에 해당하는 1호 이상의 신축 임대주택을 포함하여 2호 이상의 임대주택을 5년 이상 임대하는 거주자가 5년 이상 임대한 후 양도하는 경우에는 양도소득세를 전액 면제한다.

① 다음 각 목의 1에 해당하는 임대주택법에 의한 건설임대주택

　　㉠ 1999년 8월 20일부터 2001년 12월 31일까지의 기간 중에 신축된 주택

　　㉡ 1999년 8월 19일 이전에 신축된 공동주택으로서 1999년 8월 20일 현재 입주된 사실이 없는 주택

　② 다음에 해당하는 임대주택법에 의한 매입임대주택 중 1999년 8월 20일 이후 취득(1999년 8월 20일 이후부터 2001년 12월 31일까지 기간 중에 매매계약을 체결하고 계약금을 지급한 경우에 한한다) 및 임대를 개시한 임대주택으로 취득 당시 입주 사실이 없는 주택

　　㉠ 1999년 8월 20일 이후 신축된 주택

　　㉡ ①의 ㉡에 해당하는 주택

지방 소재 미분양 아파트에 대한 과세특례

취득기간

　지방 소재 미분양 아파트에 대한 과세특례의 경우 취득기간은 두 가지로 구분된다. 하나는 1995년 10월 31일 현재 미분양주택을 1995년 11월 1일부터 1997년 12월 31일 기간 중 취득한 것이고 다른 하나는 1998년 2월 28일 현재 미분양주택을 1998년 3월 1일부터 1998년 12월 31일 기간 중 취득한 것이다.

과세특례 요건은 ▲5년 이상 보유, 임대 후 양도 ▲최초로 분양받은 주택으로 완공 후 타인의 입주 사실이 없는 주택 ▲주택건설촉진법에 의한 사업계획승인 후 건설하는 주택 ▲취득 주택의 수(전혀 관계없다. 아무리 많이 취득해도 양도소득세 감면에 해당한다) 등 네 가지가 있다.

과세특례 방법

과세특례 방법은 20%의 단일세율로 양도소득세를 과세하는 것과 종합소득으로 과세하는 것 두 가지이다.

전국의 신축주택 취득자에 대한 양도세 면제

감면내용

거주자가 신축주택을 취득해 그 취득한 날로부터 5년 이내에 양도하면 양도소득세 전액을 면제하고, 5년이 경과한 후에 양도하면 5년 간 발생한 양도소득을 양도시점에서 발생한 양도소득에서 공제한다.

신축주택의 정의

① 자기가 건설한 주택(주택조합 또는 재개발조합원으로서 취득한 주택도 포함한다)으로서 신축주택 취득기간 중에 사용승인 또는 사용검사(임시사용승인 포함)를 받은 주택

② 주택건설업자로부터 위 신축주택 취득기간 중 최초로 매매계약을 체결하고 계약금을 납부한 사람이 취득한 주택으로서 계약일 현재

다른 사람의 입주 사실이 없는 주택.

추가적으로 신축주택 취득기간 이전에 건설업자와 분양계약을 체결한 계약자가 계약을 해제하고 그의 배우자 · 직계존비속 · 형제자매의 이름으로 계약을 해제한 아파트나 다른 아파트를 다시 분양받은 경우에는 감면대상에서 제외한다.

③ 신축주택 취득기간은 ▲1차 : 1998년 5월 22일~1999년 6월 30일(단, 국민주택은 1999년 12월 31일) ▲2차 : 2001년 5월 23일~2003년 6월 30일(단 서울과 과천, 분당, 일산, 평촌 등 수도권 신도시 지역은 2002년 12월 31일) 등 두 가지로 구분된다.

④ 주택조합원 자격으로 취득한 주택의 경우에는 취득시기에 관한 문제가 자주 제기된다. 주택조합 측이 관할 구청으로부터 사용승인이나 임시사용승인허가를 받지 않고 조합원을 입주시키는 일이 발생하여 취득시기에 관해 과세당국과 납세자 간에 다툼이 빈번히 일어나기 때문이다.

이러한 경우 사후에 구청으로부터 사용승인이나 임시사용승인을 받는 날과 조합원이 실제 아파트에 입주한 날짜 사이에는 상당한 기간이 벌어져 취득시기가 비과세나 감면여부를 결정하는 데 결정적 요인으로 좌우되는 경우가 자주 발생하고 있다.

이 같은 경우 과세당국은 공부 상의 날짜에 관계없이 조합원이 아파트에 실제로 입주한 날짜를 취득시기로 보아 과세판단의 기준으로 삼고 있다.

모 조합원이 건축물 관리대장 상의 사용승인일이 1998년 7월인 조합아파트를 취득하여 2000년 4월에 양도하고 신축주택 취득자에 대한 양도소득세 면제 규정에 의한 세금면제 신청을 하자, 일선 세무서가 그 면제 신청을 부인하고 과세처분을 했고, 납세자가 세무서의 과세처분이 부당하다고 생각하여 상급기관인 국세청에 불복청구를 했다.

납세자의 조세불복 청구에 대해 국세청은 양도소득세 면제에 해당되는 신축주택 취득기간(1998년 5월 22일~1999년 12월 31일) 중 취득한 주택이 아니므로 양도소득세 과세는 적법하다고 결정했다(심사양도2001-8. 2001.4.3-국세청).

예컨대 해당 아파트가 구청으로부터 비록 1998년 7월에 사용승인을 받았으나 주택조합 측과 한전, 전화국, 주변 상가의 영업시점 등을 고려해 판단했을 때 그 아파트는 1995년 6월에 사실상 입주한 아파트로 확인되어 취득시기가 사용승인일인 1998년 7월이 아니고 납세자가 위 아파트에 실제로 입주한 1995년 6월이라고 판단한 것이다.

주택취득 수와 기존 1세대 1주택과의 관계

위 신축주택의 취득기간(2001년 5월 23일~2003년 6월 30일) 중에 신규로 취득하는 주택에 관해서는 주택 수에 관계없이, 그리고 비록 그전에 1세대 1주택자였더라도 취득일부터 5년 이내에만 양도하면 양도소득세 전액이 감면된다.

신규 분양 촉진을 위한 양도세 특례세율

특례요건

1년 이상 소유한 기존 주택을 양도하고 2000년 9월 1일부터 2001년 12월 31일까지 기간 중 신축주택을 취득하는 경우와 신축주택을 먼저 취득하고 기존주택을 양도하는 경우 양도소득금액에 관계없이 10%의 특례세율을 적용한다.

이때 이 기간 중 계약금을 반드시 지급해야 하며 잔금은 이 기간 경과 후 지급해도 감면은 가능하다. 반면 이 기간 이전에 계약했지만 같은 기간 중에 잔금을 지급하고 취득한 경우는 감면대상이 아니다.

신축주택의 정의

양도소득세 특례세율의 경우 신축주택을 취득할 때는 몇 가지 예외사항을 제외하고는 특례세율을 적용한다.

몇 가지 예외사항이라는 것은 ▲완공 후 입주 사실이 있는 주택 ▲분양권을 사서 취득한 주택 ▲2000년 8월 31일 이전에 최초로 분양계약을 체결한 계약자가 당해 계약을 해제하고 그 배우자·직계존비속·형제자매의 이름으로 계약을 해제한 아파트나 다른 아파트를 다시 분양받은 신축주택 등을 말한다.

수도권 외 지역 신축주택 취득자의 양도세 감면

감면내용

거주자가 수도권 외의 지역에 소재하는 신축주택을 취득하여 양도하는 경우 취득일로부터 5년 이내에 양도하면 100%, 5년 경과 후 양도하면 양도시점에서 5년간 발생한 양도소득을 공제하고 과세한다.

취득기간

거주자가 수도권 외의 지역에 소재하는 신축주택을 취득하여 양도하는 경우 취득기간은 2000년 11월 1일부터 2001년 12월 31일까지이다.

감면대상 신축주택

주택건설업자로부터 취득했을 경우 위 취득기간 중 건설업자와 최초로 매매계약을 체결하고 계약금을 납부한 사람이 취득하는 주택에 해당한다.

주택조합(재개발조합을 포함)이 조합원에게 우선 분양하고 남은 잔여주택을 위 기간 중 주택조합과 직접 매매계약을 체결하고 계약금을 납부한 사람이 취득하는 주택 역시 이 범주에 속한다.

또한 자기가 건설한 신축주택(주택조합이나 재개발조합원이 취득하는 주택을 포함)의 경우 위 취득기간 중 사용승인이나 사용검사(임시사용승인을 포함)를 받아야 한다.

감면대상에서 제외되는 주택

감면대상에서 제외되는 주택은 ▲매매계약일 현재 타인이 입주한 사실이 있는 주택 ▲ 2000년 10월 31일 이전에 최초로 분양계약을 체결한 계약자가 당해 계약을 해제하고 그 배우계존비속·형제자매의 이름으로 계약을 해제한 아파트나 다른 아파트를 다시 분양받은 경우에는 감면대상에서 제외한다.

양도세 감면신청서류 반드시 챙겨라

세액감면 확인 필수

미분양 아파트를 해소하고 아파트 신규분양을 촉진하기 위한 양도소득세제 지원은 앞에서 본 것처럼 많이 복잡하다.

그러므로 제대로 우리 재산을 보호하기 위해서는 IMF 기간 중 신규분양으로 취득한 아파트를 훗날 양도할 경우 양도 이전에 반드시 세액감면이 있는가를 사전에 확인해야 한다.

아울러 양도소득세 감면이 있다고 하면 세액감면 신청서를 하나하나 챙긴 후에 양도소득세를 신고할 때 첨부, 세금을 감면받는 것을 잊지 말자.

양도세 감면한도를 활용하라

1년간 받을 수 있는 감면한도는 1억 원

양도소득세의 감면규정이 참으로 많다고 좋아 마라. 우리가 1년에 받을 수 있는 최고 한도는 1억 원뿐이다.

예외적으로 8년 자경 농지의 양도소득세 감면한도는 2002년 1월 1일부터 2003년 12월 31일까지 양도할 경우 2억 원이었지만 2004년 1월 1일 이후부터는 1억 원을 감면하는 것으로 감면한도가 축소됐다.

지난 2001년 12월 31일까지는 3억 원이었다. 다만 임대주택과 아파트 분양촉진을 위한 양도소득세 감면제도는 한도적용을 받지 않는다.

감면한도에 대해 잠깐 생각해 보자.

자신이 소유한 대규모 토지가 공공사업용으로 양도되거나 수용되면 1년 간 1억 원에 한해 감면을 해준다는 규정이다.

따라서 공공사업용으로 토지를 협의 양도하거나 수용될 경우 연도 구분을 명확히 하여 양도시기나 수용시기를 조절하라. 시기를 조절하는 것은 얼마든지 가능하다. 같은 돈을 받아도 세금 감면을 크게 받는다면 그만큼 세후 순현금은 증가하게 된다.

예를 들어 보자. 일용이가 고추밭을 팔고 10억 원을 받았다고 치자. 이 경우 양도소득세를 산출하여 보니 4억 원이었다. 그러면 일용이는 양도소득세 4억 원 중 감면한도인 2억 원을 공제받고 한도 초과분인 2억 원에 대해서는 양도소득세를 납부해야 한다. 결국 일용이는 매각대금 10억 원 중 세금 2억 원을 뺀 금액인 8억 원을 손에 쥐게 된다.

이때 일용이가 땅을 반반씩 나누어 반은 2002년 12월에 잔금을 받고, 나머지는 2003년 1월에 받기로 각각 매매계약을 체결했다면 양도소득세의 감면한도가 2002년도의 양도분에 대해 2억 원, 2003년도의 양도분에도 2억 원으로 계산될 것이다.

그러므로 모두 감면한도 4억 원 이하로 세금은 단 한 푼도 내지 않는다. 일용 씨! 머리 조금만 굴려! 한 달 차이로 2억 원이 굴러오고 나가니까!!

양도세 깎아주고, 농특세 받아내고

농어촌특별세법이란 것이 있다. 이 법은 각종 세법의 규정에서 세금을 감면할 경우 그 감면한 세액의 일정율에 해당하는 금액을 세금으로 내라는 제도이다. 그러므로 농어촌특별세법의 비과세 규정에 해당되지 않는 한 모두 농어촌특별세를 내야 한다.

우리가 앞에서 배운 여러 가지 감면제도 중에서 8년 자경 농지, 목장이전, 자경 농민의 농지가 공공사업용지로 양도된 경우와 임대주택 및 아파트 분양촉진을 위한 양도세 감면제도에 대해서는 농어촌특별세가 비과세된다. 이외의 사유로 양도소득세를 감면받는 경우에는 감면받은 양도소득세의 20%를 농특세로 납부해야 한다.

제4장 | 양도세 구조를 이용한 절세전략

제1절 양도소득세 계산구조 이해하기

양도소득세 계산 흐름도

양도소득세 절세전략 수립의 첫 단계는 양도세의 계산구조를 보다 정확히 이해하는 것이다. 다음에서 양도세 산출과정을 알아본다.

〈양도소득세 계산흐름도〉

양도차익 = 양도가액 － 취득가액 － 필요경비

양도소득 = 양도차익 － 장기보유 특별공제

과세표준 = 양도소득 － 양도소득 기본공제

산출세액 = 과세표준 × 세율

자진납부할 세액 = 산출세액 － 예정신고납부세액공제

기준시가가 원칙이다

부동산의 매매가격은 동일한 시점에서 동일한 부동산을 거래했다고 해도 그 가격은 완전히 개별적으로 형성되고 결정된다. 부동산 자체의 거래가격이 정보의 접근성이나 매매 당사자의 개인적 사정, 매매목적에 따라 달라진다는 이유에서이다.

때문에 동일한 재화에 동일한 가격이 형성된다는 일물일가의 경제원칙이 적어도 우리의 부동산 시장에서는 통하지 않는다.

이러한 부동산 시장의 현실을 감안하고 과세당국의 징세 편의성 등을 고려해 과세권자는 실제로 매매된 부동산가격에 관계없이 세법에서 정한 일정한 가격으로 매매가 이루어진 것으로 가정하여 부동산 관련 세제를 수행하고 있다. 이때 세법에서 정한 일정한 가격이란 국세에서는 기준시가, 지방세에서는 시가표준액이란 용어를 말한다.

장기보유 특별공제와 양도세 세율

토지와 건물을 양도하면 그 보유기간이 3년 이상인 부동산에 한해 양도차익의 일정율을 장기보유특별공제라고 하여 공제해 주고 있다.

예컨대 ▲보유기간이 3년 이상 5년 미만이라면 양도차익의 10% ▲보유기간이 5년 이상 10년 미만이라면 양도차익의 15%(단 1세대 1주택에 해당하는 고가주택의 경우는 25%) ▲보유기간이 10년 이상이면 양도차익의 30%(단, 1세대 1주택에 해당하는 고가주택의 경우는 50%)를 공제받는다.

양도소득세 세율

2004년도부터 시행된 양도소득세율을 다음과 같이 대폭 개정했다. 개정된 양도소득세 세율은 〈표〉와 같다.

구 분	개정내용(과세표준 − 세율)
보유기간 1년 이상의 자산	1,000만 원 이하　9% 1,400만 원 이하　18% − 90만 원 4,800만 원 이하　27% − 450만 원 8,000만 원 초과　36% − 1,170만 원
보유기간 1년 미만의 자산	과세표준에 관계없이 36%
미등기 양도자산	과세표준에 관계없이 60%
투기지역 내 1세대 2주택 이상자	위에서 정한 양도소득세의 일반세율 이외에 추가적으로 일정율을 가산하는 탄력세율을 적용할 수 있도록 2003년 1월 1일 이후부터 개정
보유기간 1년 이상 2년 미만	과세표준에 관계없이 40%
1세대 3주택 이상자	보유기간, 과세표준에 관계없이 60% 장기보유공제 배제(2005. 1. 1 이후 시행)

기준시가와 실가신고, 비교 선택하라

절세대첩을 위한 두 가지 방법

우리가 쓸 수 있는 절세의 칼은 두 자루이다. 기준시가를 가지고 전투에 임하는 것이 기본 룰이지만 언제나 아무 조건 없이 실가신고의 칼로 바꾸어 전투할 수 있다. 절세를 하기 위해서는 언제나 두 가지 칼을 자유자재로 휘두를 수 있는 검법을 연마해야 한다.

일반적인 전투유형에서는 기준시가 검법이 아주 유효하지만 복병은 어디에나 숨어 있다. 다시 말하면 언제나 기준시가의 세금이 적은 것은 아니다.

국세청 기준시가는 실거래 금액에 비교해 약 70~90% 선에서 고시하는 관계로 기준시가로 계산한 세금이 적은 경우가 일반적이다.

그러나 국세청 기준시가가 실제 매매가액보다 더 크게 고시되어 있다면, 기준시가에 의한 양도세가 더욱 클 것으로 예상될 수 있다. 이때는 매매관련 증빙서류를 검토해 실지거래가액에 의한 신고방법을 선택할지의 여부를 고려해야 한다.

세금 없어도 신고는 반드시 하라

손해 본 부분 최대한 찾자

필자가 전화나 방문상담을 하면서 안타깝게 생각하는 것 중의 하나는 세금이 안 나와서 또는 손해 보고 팔았기 때문에 당연히 세금은 없을 것이라 지레 짐작하고 신고 자체를 하지 않는다는 점이다.

양도세 신고를 했다고 가정하고 양도가액보다 취득가액이 커서 손실이 발생해 세금이 없을 수도 있고 등기비용이나 장기보유공제 등 세법에서 인정되는 것들을 모조리 고려하여 공제를 해보니 세금이 안 나올 수가 있고, 하여튼 경우의 수가 상당히 많으리라고 본다.

그러므로 본인이 스스로 자진신고를 하지 않는 이상 과세당국은 양도자 본인의 계산방법과는 전혀 다른 최대한 세금을 확대하는 방향으로 양도세를 산출하는 것이 일반적이다.

세정의 현실이 이러하니 우리는 특히 부동산 매매로 크든 작든 손해 본 부분이 있다면 반드시 관련 증빙서류를 첨부해 정해진 기간 안에 신고해야 귀중한 재산을 보호할 수 있다.

과세당국은 정해진 기한까지 납세자의 자진신고가 없을 경우 기준시가도 양도소득세를 산출, 고지서를 보낸다.

결론적으로 양도소득세 신고방법 중 본인에게 가장 유리한 방법을 선택하고 양도세를 계산하여 만일 세금이 없을 경우라도 신고는 반드시 할 것을 권고한다.

보유기간별 절세 포인트 체크하라

세금 나가면 내 지갑 얇아진다

보유기간별로 여러 가지 요인이 세금에 영향을 미치고 있다. 보유기간에 따라 신고방법의 선택권, 세율, 장기보유특별공제율 등이 각각 다르게 나타나는 게 대표적인 경우이다.

가령 1년 미만의 경우에는 우리에게 주어진 두 가지 칼을 모두 쓸 수는 없다. 오로지 실지거래신고의 칼만 쥐고 전투에 임해야 한다.

세율은 1년 미만 보유하고 양도하면 50%의 최고세율로 세금을 내야 하지만 2년 이상이면 양도소득에 따라 최저세율 9%부터 적용이 가능하다. 장기보유특별공제도 3년 이상 보유기간이 전제되어야만 공제혜택을 받을 수 있다.

생각해 보자. 11개월 29일과 12개월 1일을, 35개월과 36개월의 차이를. 단 1~2일이 재산을 지키느냐 못 지키느냐를 판가름한다.

계약서 한 장 쓰는 것을 가볍게 보지 마라. 세금과의 전쟁 중 첫 번째 교전이다. 계약서를 쓰면서 보유기간별 절세 포인트를 반드시 체크하라.

잔금을 오늘 받나, 내일 받나 주머니 사정은 똑같다. 하지만 한두 달 후의 세금이 달라진다. 세금이 나가면 나간 만큼 귀하의 주머니가 줄어들 수밖에 없다.

아파트 팔고 낸 세금, 단독 팔고 돌려받기

양도손실 발생하는 부동산부터 처분하라

1년에 부동산을 두 번 이상 팔면 양도소득세를 합산해 산출한다. 이 규정을 우리의 전략에 활용해 보자.

만일 서울 강남의 중형아파트를 팔고 세금을 상당액 납부한 다음 다른 부동산, 그것도 손해 본 부동산을 팔아야 한다면 양도시기를 가급적 조정해 같은 해에 팔아라.

이러한 전략을 구사하면 아파트 양도에 따른 양도소득금액과 다른 부동산의 양도에 대한 손실액을 합산했을 때 결과적으로 양도소득금액이 당초보다 작거나 거의 발생하지 않으며 먼저 납부한 양도소득세는 환급이 가능하다.

합산되는 1년이라는 기간은 1월 1일부터 12월 31일까지의 기간을 말한다. 그러나 이러한 전략은 100점 만점에 90점 이상을 받을 수는 없다. 이유는 간단하다. 연초에 좀더 완벽한 재무계획을 수립하고 그에 따라 부동산 처분시기를 조정했다면 귀중한 현금을 국고에 헌납하고 사후에 환급을 청구하는 우는 범하지 않아도 되었으니 말이다.

다시 말하면 연초에 부동산을 처분할 계획이었다면 당연히 양도손실이 발생하는 자산을 먼저 양도하고, 2차적으로 양도소득이 발생하는 자산을 양도하는 게 순서이다.

이같이 자산처분의 순위를 결정함으로써 이미 발생한 양도손실을 사후에 발생한 양도소득에서 차감해 실제로 납부하는 세금은 최대한 적게 하고 그 납부시기는 가능한 한 늦춤으로써 자신의 현금유동성을 최대한 크게 만들 수 있다.

공시지가와의 전쟁

전국의 땅값 매기는 작업과정 염탐부터

적어도 세금과의 전쟁에서 승리를 하려면 공시지가와의 전쟁에서 승리해야 한다. 공시지가는 국세나 지방세 등 거의 모든 세금에 영향을 미친다. 매년 6월은 초비상 사태 하에 있으면서 적의 정황을 최대한 염탐하여 공시지가 전쟁에서 필승을 거두라.

매년 6월, 그것도 25일부터 30일 경에는 전국의 땅값이 선포되는 날이다. 땅값이 선포되면 그날 이후 본인의 재산은 전혀 늘거나 줄지 않았음에도 세무당국에서는 더 많은 세금을 받을 수 있는 권리가 부여된다(땅값이 떨어졌다고 선포하면 적은).

쉽게 말하면 앉아서 세금 늘어난 것만큼 재산이 줄어드는 셈이다. 그러면 우리의 전략은 전국의 약 2,700만 필지의 땅값을 매기는 작업과정을 염탐하는 것이다.

먼저 대략 50만 필지 이내의 땅을 표본으로 추출해 땅값을 평가한다. 이것을 표준지 공시지가로 표현한다. 이 표준지를 기본으로 하여 인근 땅값을 평가하는 데 표본으로 정하는 아주 중요한 평가과정이다.

건설교통부는 표준지의 평가작업만은 부동산 평가전문가인 감정평가사에게 직접 의뢰하며 그 평가결과는 매년 2월 하순에 고시한다.

이후 각 시 · 군 · 구청의 토지관리과 직원이 주도하여 시 · 군 · 구청의 관련 공무원, 세무서 직원, 동사무소 직원 등 대규모 인원을 투입해 표준지를 제외한 나머지 땅(말이 나머지지 실제로는 전국의 거의 모든 땅)값을 3월부터 5월 초까지 평가한다.

이 땅값이 개별공시지가이다. 그 다음 5월 중순부터 6월 초까지 개별공시지가 열람기간을 거친 후에 6월 하순경부터 대대적으로 땅값을 고시한다.

직접 작전수행 나선다

그러면 우리는 이 과정의 어느 단계부터 작전을 수행하여야 할까.

첫 번째 투입단계는 3월경 표준지가를 공람하는 기간에 시 · 군 · 구청에서 우리 땅의 표준지가 되는 지번과 가격을 확인한다.

2차로 표준지의 가격이 전년도에 비해 몇 % 인상 또는 인하되었는지를 비교한다. 표준지의 가격이 대부분 인상됐다면 그 해의 우리 땅값도 인상될 개연성이 아주 높다.

두 번째 투입 단계는 좀더 적극적으로 개별 공시지가 평가기간 중 시·군·구청의 담당실무자를 방문해 소유하고 있는 땅의 지역적 특성과 토지이용의 유리나 불리한 점, 도로의 접근용이성 등 가격평가에 영향을 미칠 수 있는 모든 요소를 그들에게 메모하듯 설명한다.

세 번째 단계는 개별 공시지가 선포 이후 이의신청기간 중에 소유하고 있는 땅값에 이의가 있으면 충분한 상황설명과 증거자료를 첨부해 이의신청하면 된다.

공시지가 이용한 양도세 전략

공시지가와의 전쟁에서 나름대로 개별 공시지가에 대한 정보를 얻었을 것이다. 그렇다면 그 정보를 토대로 절세전략을 수립하자.

공시지가가 금년에 인상될 것으로 예측됐을 때 공시지가 고시일 이후에 양도한다면 양도세가 많아질 것이다. 이때는 고시일 이전에 잔금을 받는 것으로 계약서를 작성하라. 양도시기는 잔금을 받은 날짜로 판정하기 때문이다. 매매계약일자는 양도시기를 결정하는 것과는 무관하다.

반대로 공시지가의 하락이 예상됐을 때는 잔금수령 시기를 공시지가 고시일 이후로 하면 양도세를 합법적으로 줄일 수가 있다. 만일 부동산에 투자할 계획이라면 양도하는 경우와 반대의 전략을 구사하면 될 것이다.

일반적으로 공시지가 고시일은 6월 하순경이다. 1990년도부터 2001년도까지 공시지가는 1990년 한 번을 제외하고는 거의 모두가 6월 25일부터 6월 30일 사이에 고시됐다는 사실을 참고하면 도움이 될 것이다.

7월 1일은 D-DAY, 아파트를 공략하라

전문성·공개성 결여된 아파트 기준시가

1998년도부터 매년 7월 1일(2002년도는 연초의 서울 강남지역을 비롯한 급격한 부동산 가격의 변동으로 4월 4일에 조기 고시했고 9월 13일에는 일부 가격급등지역을 선별하여 기준시를 재차 인상고시)에 전국의 아파트 값이 집 주인의 의지나 시장가격의 변동과도 전혀 무관하게 결정된 국세청 기준시가 고시라는 이름으로 말이다.

국세청은 전국에 소재하는 아파트에 대해 매년 7월 1일 기준으로 기준시가를 정기적으로 고시하고 그 기준시가를 토대로 해당 아파트의 양도·상속·증여세의 과세기준으로 적용하고 있다.

때문에 우리에게 국세청 기준시가는 공시지가만큼 중요하다. 아니 대부분 보통시민들의 전 재산이 아파트 한 채나 두 채임에 비추어 볼 때 아파트 기준시가의 영향력은 가히 절대적이다.

아파트 기준시가가 국민의 재산권에 이렇듯 절대적으로 중대한 영향을 행사하고 있음에도 그 산정방법과 절차 등에 대한 법률이 제정되어 있지 않아 재산권의 침해소지나 과세권의 남용에 대한 우려를 자아내게

한다.

과세권자인 국세청 자신이 기준시가를 단독으로 결정할 뿐만 아니라 그 산정과정에 있어서도 감정평가사 등과 같은 외부 전문가의 참여나 이해관계자의 공람, 이의신청 등이 전혀 제도적으로 보장되어 있지 않다. 이것은 평가의 전문성과 공개성을 확보했다고 볼 수 없는 만큼 조속히 개선되어야 할 것으로 판단된다.

기준시가 이용한 양도세 전략

기준시가 산정과정은 이러하다. 매년 3월경 국세청에서 일선 세무서에 7월 1일 고시할 기준시가 산정지침을 하달한다. 그 지침에 의거, 일선 세무서가 관할 지역 내의 중개업소를 방문해 아파트의 가격을 조사한다.

조사된 가격을 기준으로 주택규모별 기준시가 고시기준율인 70~90%(국민주택 70%, 일반주택 80%, 고급주택 90%)을 곱해 기준시가(안)를 산출한다. 이 작업은 대략 5월 중순 이전에 종료된다.

산정한 기준시가(안)와 직전 기준시가를 비교하여 현저한 증가(감소) 부분이 있다면 그로 인해 조세마찰이 제기될 수 있을지와 전반적인 산업이나 부동산 경제상황 등을 종합적으로 고려하는 내부조정 과정을 거쳐 6월 말일경 고시하게 된다.

그러므로 아파트를 새로이 투자하거나 처분 또는 증여할 계획이 있다면 3~4월경에 인근 중개업소에 들러 시세를 확인한 다음 그 금액에 주택규모별로 적용되는 기준율을 곱해 개략적인 기준시가 금액을 추정해 본다.

추정된 금액과 그 간의 신문이나 방송 등을 통해 간간이 흘러나오는 아파트 기준시가 뉴스 등을 종합해 보면 대략 소유하고 있는 아파트 기준시가가 어느 정도 수준에서 고시될 것인지 예측이 가능하다. 이러한 과정을 통해 예측한 기준시가를 토대로 양도세 절세전략으로 활용하면 된다.

월말 · 연말 이용한 절세 포인트

월말 활용한 절세술

부동산 매매계약서 쓸 때 앉아서 이자 버는 한 가지 방법을 공개한다. 만일 매매잔금을 월말경에 받기로 했다면 그것을 2~3일 늦추어 월 초인 1일에 받기로 하라. 30일과 1일은 비록 하루 차이지만 세금달력에서는 한 달이나 차이가 난다.

양도소득세의 예정신고기한이 잔금을 받은 다음 다음달 말일까지인 것을 상기하라. 가령 세금이 1,000만 원이라고 가정하고 잔금일자가 2004년 5월 31일로 했다면 2004년 7월 31일까지 거금 1,000만 원을 납부해야 한다.

반면 잔금을 2004년 6월 1일에 받은 경우 세금 1,000만 원을 2004년 8월 31일까지 내면 된다. 1,000만 원을 한 달짜리 정기예금에 넣어도 이자가 나오지 않는가.

연말 활용한 절세술

연말은 말 그대로 월말보다 스케일이 크다. 고로 대승적 차원에서 전략이 수립되어야 한다. 지난 연말도 예외는 아니었다.

일례로 양도세 세율이 단기보유의 경우 대폭 인상됐다. 특히 보유기간

1년 이상 2년 미만의 계층이 가장 큰 세법개정의 불이익을 보았다.

2003년도까지는 보유기간 1년 미만의 경우 36%의 최고세율이었으나 2004년 1월 1일부터는 1년 미만의 경우는 50%, 1년 이상 2년 미만의 경우는 40%의 고세율로 과세하도록 개정되었다.

이 같은 세법이나 제도의 개정 등은 10월경부터 언론에 꾸준히 기사화되므로 신문과 방송 등을 열심히 보고 들어 세금과의 전쟁에서 승리할 수 있는 전술을 항상 구상하라.

제5장 │ 실가신고 이용한 절세전략

제1절 실가신고는 절세의 지름길

이럴 경우는 실가신고가 절세의 왕도

세금 최소화 방법 선택

양도소득세는 기준시가와 실지거래가액에 의한 신고방법으로 세금을 각각 계산해 세금이 최소화가 되는 방법을 선택해서 세금을 줄일 수 있다. 다음과 같은 경우에는 특히 실가신고가 절세의 길로 가는 왕도로 통한다.

예컨대 ▲기준시가에 의한 세금이 실가신고보다 많은 경우 ▲부동산이 법원 또는 금융기관 등에 의해 경매나 공매로 넘어간 경우 ▲본인의 자산이 빚쟁이에게 넘어간 경우 ▲공시지가나 국세청 기준시가가 대폭 인상된 직후에 양도한 경우 ▲부동산가격이 공시지가나 국세청 기준시가보다 현저히 고가인 경우에 부동산을 취득한 경우 등이 이에 해당한다.

또 ▲부동산이 노후화되어 보유기간 중 상당한 정도의 수선유지비가 지출되거나 구조·용도변경 등의 자금이 상당액 투입된 경우 ▲부동산 구입, 보유, 처분과정에서 여러 가지 분쟁으로 인해 소송비용이 상당액 지출된 경우 등도 유리하게 작용한다.

손해 보았다면 무조건 신고하라

신고 안 하면 손해 봤어도 세금 낸다

부동산투자로 항상 재미만을 볼 수는 없다. 아파트, 상가, 땅에 투자했다가 예기치 못한 사건이나 시세흐름을 읽지 못해 적자를 보았다면 그저 허탈해 있지만 말고 반드시 실가신고를 하라.

세무서에 손해 본 사실을 매매관련 증빙서류를 붙여 정해진 기간 안에 예정신고나 확정신고를 하라는 얘기다. 신고가 없으면 소득이 없음에도 세금을 내야 하는 경우가 발생한다. 과세당국은 기준시가에 의해 양도소득세를 결정하기 때문이다.

만일 어떠한 부동산을 매도하여 투자손실이 발생했는데 같은 해 짭짤한 이득을 남긴 부동산을 양도했다면 세금을 줄여주는 훌륭한 기회가 된다. 한 해에 두 건의 부동산을 매도해 당초 발생한 투자손실이 추후에 발생한 양도소득에서 공제되는 보약이 된다는 이유에서이다.

따라서 부동산을 양도하고 잘 몰라서 신고를 안한 경우가 혹시 있다고 하면 반드시 양도한 다음 다음 달 말일까지 예정신고를 하거나 그 다음 해 5월 말일까지 확정신고를 하라. 그 기한이 지나가면 엄한 돈이 날아간다.

계약서 · 인테리어 · 복비 영수증은 '돈'

영수증은 최소 6년간 보관해야

양도자가 부동산 투자에서 손해를 보았음에도 그 사실을 입증할 만한 증거서류를 갖고 있지 않는 경우가 많다.

우리네는 계약서를 챙긴다거나 각종 비용을 지출하고 영수증을 받거나 보관하는 것이 아직 생활화되어 있지 못하다. 때문에 챙길 수 있는 돈도 어이없게 빼앗기기 일쑤이다.

경비지출 영수증은 세금을 지켜 주는 또 하나의 무기이다. 영수증은 처음에는 주머니에서 나가는 돈이지만, 그 영수증을 첨부하여 실가신고를 하면 이미 나간 돈을 다시 채워 주는 확실한 방법이 된다.

건물의 수선이나 용도변경, 인테리어 등을 한 경우 공사계약서, 견적서, 입금표 등 관련 증거서류를 확실히 요구해 받고 일정기간 보관하라. 적어도 6년 간은 보관하라.

6년이란 기간은 '양도세의 부과기간이 확정신고기한 경과일로부터 5년' 이라는 세법규정을 보고 말한 것이다.

예를 들어 부동산을 2004년 3월에 양도했다고 한다면 양도일의 다음 해인 2005년 5월 31일이 확정신고기한이고 그로부터 5년이 경과한 2010년 5월 31일이 세무당국이 세금을 부과할 수 있는 기한이다. 이를 대략 거래 발생일로부터 계산하면 6년 정도 보관해야 한다는 결론에 도달한다.

거래사실 확인서와 인감증명만이 능사는 아니다

신고가액의 신뢰성 여부가 우선

실지거래가액 신고를 하면서 거래 상대방으로부터 매매 사실을 서면으로 기재해 받는 거래사실확인서와 그에 첨부된 인감증명서만 있으면 만사 OK라고 생각하는 사람이 의외로 많다.

위 두 가지 서류가 없다면 실가신고 자체가 불가능한 것으로 생각하거나 혹은 실제 거래된 금액이야 어떻든 거래 상대방이 써준 거래사실확인서와 인감증명만을 구비해 신고하면 자신의 양도세 문제는 완전하게 해결되는 줄로 착각한다.

그러나 실제 과세당국에서 실지거래가액에 의한 양도세 신고서를 처리하는 과정에서는 이 두 가지 서류가 신고서의 정확성이나 진실성 여부를 가늠하는 잣대가 아니다. 그러한 서류의 유무보다는 신고된 양도 및 취득가액의 신뢰성 여부가 더 우선한다.

신고가액에 대한 신뢰성을 검증하기 위해 과세당국은 거래 당시의 부동산 시세를 확인하고자 부동산 정보지와 주변 중개업소에 시세를 탐문하거나 유사한 부동산에 대한 매매사례 가액이나 세무서에 신고된 신고가액 또는 감정가액 등 신고가액의 적정성을 체크하기 위한 여러 가지 대체적인 방안을 활용한다.

실가신고하려거든 수표로 거래하라

수표는 확실한 금융증빙 서류

부동산의 가격결정에는 일물일가의 법칙이 아니라 개별성의 원칙이 지배한다. 가령 심각한 질병의 치료비, 운영하고 있는 회사의 부도 위기, 계속되는 집안과 가족의 흉사 등 특수한 사정으로 부동산을 급하게 처분한다 치자.

이러한 경우 정상적으로 시장에서 형성되는 가격으로는 거래가 용이하게 이루어지지 않아 상당 부분의 가격 조정을 감수해야만 계약이 체결될 것이다. 이 경우 양도세 신고를 할 때 거래사실확인서와 인감증명에만 의존하면 상당히 불리해질 수가 있다.

이때는 실제 거래된 금액에 대한 신뢰성을 좀더 공공히 한다는 의도에서 실제 거래된 금액을 증명할 수 있는 수표나 온라인 입금증 등 금융증빙을 첨부할 것을 권고한다.

이를 위해서는 계약금, 중도금, 잔금을 수표나 온라인 송금으로 지급할 것을 상대방에게 요청하라. 만일 상대방이 싫다고 하면 직접 본인의 계좌로 송금을 받든, 대금지급 받은 즉시 1원도 빼지 말고 은행에 그 금액 그대로 입금하라. 실가신고할 경우 거래금액에 대한 의문이나 추가 조사의 필요성이 제기될 때 과세당국이 항상 요구하는 것이 금융관계 증빙이다.

양도에 따른 부대 경비인 복비 등도 본인의 부동산 매매대금이 입금된 통장에서 인출해 수표로 지급하라. 한 가지 더 말하면 법정 중개수수료를 초과한 과도한 복비는 설령 영수증이 있다고 해도 과세당국에서 그 지급액 자체를 부인한 사례가 있음도 유의하라.

부동산 거래에 사용한 수표를 사본으로 만들어 양도세 신고를 할 때 제출하는 것도 본인의 거래금액을 입증하는 보강 증거로서 충분한 역할을 한다.

빚쟁이한테 넘어간 부동산, 실가신고하라

공시가보다 적다면 세금 축소

빚쟁이한테 거의 빼앗기다시피 해서 넘어간 부동산은 속만 끓이고 있지 말고 실가신고를 하는 것이 현명하다. 세법은 야박해서 빚더미로 날린 부동산도 양도로 보아 세금을 매기기 때문이다.

그러면 이때 양도가액은 본인의 채권자에게 진 채무액이 된다. 채무액 원금과 부동산이 등기 이전된 시점까지 발생한 이자가 양도가액이다. 따라서 채무액이 부동산의 공시지가나 국세청 기준시가보다 작은 경우에는 실가신고를 하면 세금이 줄어든다.

반대로 채권자의 입장에서 한번 생각하자. 채권자로서는 담보권의 실행으로 취득한 자산의 취득가액은 그 부동산에 담보된 채권액이다.

큰돈을 빌려주고 손바닥만한 땅 한 뙈기를 채권회수 목적으로 받아간 사람의 경우 취득가액은 당초 빌려준 채권액과 그 시점까지 발생한 이자가 된다.

실가신고 후 세무조사 받는 요령

부동산을 매도한 다음 소정의 서류를 첨부하여 양도세를 실지거래가액으로 신고했다면 그 다음 할 일은 무엇일까.

실가신고의 경우 일선 세무서의 업무처리가 상당히 더디다. 일반적으로 1~2년 소요되는 것으로 생각하면 무난하다. 처리기간이 장기인 관계로 신고자 본인은 물론 거래 상대방도 지난 몇 년 전에 매매한 금액을 정확히 기억하기란 쉽지 않다.

거래상대방과 원만한 관계를 유지하라

일선 세무서는 거래 상대방에게 당초 거래한 금액을 확인하는 방법으로 우편질문서를 발송하여 상대방으로 하여금 매매대금을 기록해 회신하도록 회신용 질문서를 발송한다.

그러므로 거래 상대방이 당초 계약한 금액대로 정확히 답변을 해주도록 가끔씩은 안부전화라도 하면서 원만한 관계를 지속적으로 유지해야 한다.

제출서류와 진술의 일관성이 관건

매매금액이나 매매 쌍방 간의 거래 관련 진술이 엇갈릴 경우 신고사실이 부인될 것은 자명하다. 일관성 있고 성실한 답변이 중요하다.

세무서 직원이 직접 방문해 매매가액의 정확성 여부에 대한 답변을 요구하면 차분히 거래당시의 정황, 자금사정 등 가격에 영향을 미칠 수 있는 포인트 중심으로 납득할 만한 설명을 충분히 해야 한다. 이것은 아주 중요한 부분이다.

계약서에 기재된 금액과 날짜를 점검하라

매매계약서에 기재된 대금지급일자와 관련 영수증, 예금통장 등의 날짜와 금액을 확인하라.

반드시 원본을 보관하고 사본을 제출하라

세무조사를 받는 과정이나 2차적인 불복청구 과정에서 반드시 필요하므로 실가신고에 관련된 서류의 원본은 본인이 보관하고 만일 제출이 필요하다면 사본을 활용하도록 한다.

제2절 분양권을 팔았는데……

프리미엄 받은 것, 국세청이 아는 방법

신고내역과 시세자료 비교분석

국세청은 양도·상속·증여세에 관한 업무처리를 체계적으로 하고 처리과정 역시 업무의 통일성과 효율성을 도모하고자 국세청 훈령으로 '재산제세 사무처리규정'을 제정, 시행하고 있다.

재산제세 사무처리규정에 의거해 일선 세무서는 관할 구역 내에 있는 분양·임대사업자의 부동산 분양, 임대에 관련된 명의변경 자료를 분기별로 수집해 그 사항을 국세통합전산망(TIS)에 입력하여 명의변경자에 대한 분양권 신고여부를 대사하는 데 활용하고 있다.

그러나 분양권의 권리이전인 양도·양수 관계는 자체 전산망을 조회함으로써 확인이 가능하지만 프리미엄은 거래 당사자의 개인적인 상황과 거래 당시의 정황에 따라 결정되므로 알 수는 없다. 단지 합리적인 방법으로 추론만이 가능할 뿐이다.

국세청이 2002년 1월 9일 부동산가격 안정화 종합대책의 일환으로 발표한 서울 강남권 중심 아파트 가수요자 등에 대한 종합세무대책에 의하면 향후 아파트 분양권의 프리미엄 가액을 정기적으로 파악해 전산 누적 관리하는 시스템을 구축한다고 한다.

이러한 프리미엄 전산관리제를 기초로 분양권 거래에 대해 양도자의 분양권 세무신고 내역과 전산 관리하는 시세자료를 비교 분석하여 불성실신고자 선별 등에 활용할 계획이라고 한다.

프리미엄 신고한 것에 착오 생겼다면?

단 하루라도 빨리 내야 가산세에서 해방

프리미엄에 대한 양도세 신고가 잘못됐다면 착오 부분을 증명할 수 있는 서류를 첨부하여 확정신고 기한 내에 신고하면 된다. 만일 수정 신고로 인해 당초보다 산출세액이 증가하게 되면 그에 따른 가산세도 재계산하여 납부하면 된다.

하지만 신고한 금액이 사실과 다르게 적다는 사실이 과세당국에 적발되면 10%의 신고불성실 가산세와 최초 세금납부일로부터 세금을 추가로 납부하는 날까지의 이자를 연 14.6% 정도 가산해 부담하게 된다.

그러므로 착오가 발견됐을 때는 단 하루라도 세금을 빨리 내는 것이 고금리 가산세로부터 해방되는 포인트이다.

분양권을 상속받은 경우, 양도세 내야 한다

부동산 취득권리 상속은 과세

아버님이 생전에 신규아파트를 분양 계약하신 다음 돌아가셔서 그 분양권을 상속받은 아들이 계약금을 제외한 나머지의 중도금과 잔금을 지급해 아파트를 취득했다고 가정하자. 상속인인 아들이 당해 아파트를 취득한 후에 양도했다면 세금은 어찌 될까.

해답은 양도소득세를 납부해야 한다는 것이다. 다시 말하면 1주택을 상속받은 경우 상속주택을 양도하면 양도시기에 관계없이 비과세되지만 분양권 등 부동산을 취득할 수 있는 권리를 상속받은 경우에는 상속주택의 특례규정에 해당이 되지 않으므로 무주택자이든 1세대 1주택자이든 양도세는 과세된다(국심2001.서2449, 2001.12.27−국세심판원).

1세대 1주택 3년 보유로 비과세 요건이 충족된 재개발조합원의 입주권을 상속받은 경우에도 그 주택이 재개발로 완공되기 이전 처분할 경우 처분일 현재 상속받은 입주권 외에 당초부터 소유하고 있는 주택이 있었다면 비과세를 받을 수 없다(재일46014−2146, 1999.12.24−국세청).

1세대 1주택 3년 보유의 비과세 요건이 충족된 재건축조합원의 입주권을 상속받아 양도한 경우에도 재개발의 경우와 동일하게 입주권 양도일 현재 다른 주택이 없는 경우에 한해 비과세가 된다(국심2001서2549, 2002.1.22−국세심판원).

이혼과 세금

위자료로 아파트 줬더니 양도세 내란다

이혼하는 남편에게 세금학원론이 드리는 한 가지 조언. 위자료는 현금으로 하고 현금이 없다면 아내가 남편을 상대로 재산분할청구권을 행사하도록 하여 부동산을 넘겨 주어라.

세법에서 위자료를 아파트로 주었다고 하는 것은 위자료라는 채무를 변제하기 위해 부동산을 넘겨준 것으로 해석해 남편에게 양도세가 과세되기 때문이다.

다시 말하면 위자료 조로 명의를 변경하여 준 부동산은 소득세법상 양도에 해당되어 양도소득세를 납부해야만 한다. 이때 아내에게 준 아파트가 1세대 1주택의 비과세 요건이 충족된 경우라면 양도세는 없다.

아내의 입장에서 아파트를 받은 것에 대해 증여세 역시 없다. 아내는 위자료라는 채권을 대물로서 남편으로부터 변제받은 경우에 해당되기 때문이다.

이혼합의서도 세금을 고려해야

이때 주의할 것은 소유권 이전등기를 할 때 등기 원인에 대해 각별히 조심해야 한다는 점이다. 흔히 매매나 증여의 원인으로 등기하는데 아내에게는 증여세, 남편에게는 양도세 문제가 제기될 수 있다.

만일 위자료의 지급에 갈음하여 부동산을 넘겨주기로 했다면 등기부에 기재되는 등기 원인은 대물변제로 해야 한다.

부부 재산을 이혼을 앞두고 혹은 이혼 후에 분할하기로 쌍방이 합의했을 때에는 등기 원인을 재산분할로 기재하여 소유권 이전등기를 하는 것이 좋다. 재산분할 합의에 따른 이전등기를 하고자 할 때는 재산분할협의서를 법무사에게 제출해야 한다.

다음으로 부동산을 넘겨 주는 이유가 재산분할청구 때문인지, 위자료 지급에 갈음하는 것인지를 이혼합의서에 명확한 문구를 기재해야 한다. 이렇게 하면 이혼합의서에 명시된 부동산 이전 사유를 근거로 만일 소유권이전 등기 원인이 문제가 됐을 경우 당초 합의한 이혼각서대로 과세당국에 대항할 수 있다.

위자료를 반드시 부동산으로 지급해야만 하는 상황이라면 위자료 지급에 대한 합의각서에 위자료의 지급금액을 명시하고, 위자료는 부동산으로 지급한다고 기재하는 것이 바람직하다.

이러한 이혼합의서를 증거서류로 양도소득세를 실가신고할 경우 양도가액의 증거자료로 활용하여 양도세를 절감할 수 있다.

최근 국세심판원은 소유권이전 등기 원인이 매매로 되어 있어 남편에게 양도소득세를 전액 부과한 사건에 대해 이혼합의각서에 기재된 부동산 이전의 원인이 위자료인지 재산의 협의분할인지가 불분명하지만 혼인기간 중 재산형성 기여도를 감안해 1/2은 협의분할재산으로 보아 과세 대상에서 제외하고, 나머지 1/2은 위자료 지급으로 보아 당초 일선 세무서가 명의 변경한 부동산 전부에 대해 양도소득세를 과세한 사건에 대해 반반씩 과세하는 처분을 내렸다(국심2001중2197, 2001.12.17－국세심판원).

경매로 집 날리고 공항에선 출국금지

IMF 기간 중인 지난 1999년 봄의 일이다. 사무실에 50대 초반으로 보이는 중년의 신사가 들어 왔다. 소파에 앉자마자 "원 세상에 이런 법이 있느냐"며 무척이나 화가 나 있는 상태였다.

사연은 이렇다. 조그만 건설회사를 경영하는데 부도가 발생해 담보로 은행에 넣은 아파트와 시골 땅이 모두 경매처분으로 날아가 버렸다. 한 동안 집에도 안 들어가고 소주와 담배연기로 그저 죽지 못해 살았다. 그러길 1년이 지난 어느 날.

캐나다에 있는 한 친구로부터 반가운 소식이 날아왔다. 이곳에 좋은 사업 파트너가 있으니 건너와서 구체적인 사업계획이나 향후 투자방향 등을 이야기해 보라는 것이었다.

단숨에 비행기표를 사고 김포공항으로 달려갔는데 이게 웬 날벼락! 출입국 금지조치가 내려져 있었다. 요청기관과 사유는 국세청이며 고액체납(5,000만 원 이상 세금이 체납된 것으로 기억한다)이 그 이유였다. 하늘도 무심하시지…….

보증으로 넘어가도 세금은 내라

탈도 많고 말도 많은 것은 보증. 오죽하면 보증 서는 자식은 낳지도 말라는 말까지 있을까. 하물며 빚 보증 잘못 서 내 재산 날아 간 것도 억울한데 양도세까지 물어야 하나? 답은 YES.

양도세의 과세대상이 되는 양도의 개념은 그 형식 여하를 불문하고 자산이 유상으로 사실상 이전되는 것을 말한다. 따라서 부동산을 다른 사람을 위해 담보로 제공했다가 그 사람이 채무를 변제하지 못해 근저당권자인 금융기관의 임의경매신청에 의해 경락으로 소유권이 이전등기됐으므로 양도세를 납부해야 한다.

이때 경락대금은 보증인에게 귀속되고 그 대금으로 자신의 보증채무를 변제하게 되는 것이다. 이 경우 양도일은 경락대금 완납일이 되며 경락 당시의 기준시가가 양도가액으로 된다. 그러나 경락가액에 관한 서류를 첨부해 실가신고를 할 경우 양도가액은 경락가액이 된다(국심2001부2700, 2002.1.23 — 국세심판원).

사별도 슬픈데 집 두 채 받았다고 세금 내라?

동일 세대원이 상속받고 3년 지나면 비과세

아내는 몇 년 전에 구만리 먼 길을 외로이 먼저 갔다. 남겨진 것은 아내 이름으로 된 주택 두 채와 딸 둘에 아들 하나. 내 소유의 집은 전혀 없었다. 하여튼 우리는 1세대 2주택자였다.

사별 후 아내로부터 상속받은 두 채의 주택 중 세금이 적은 한 채의 집을 먼저 팔고 양도세를 냈다. 한 채의 집을 양도한 다음 남아 있는 마지막 한 채의 주택도 팔아 버렸다. 그 집은 아내가 10여 년 전에 사 놓은 것이었다.

집을 취득한 지도 10여 년이 지났고 집도 한 채밖에 없는 상황이니 당연히 1세대 1주택으로 생각했다. 그러나 세무서는 세금고지서를 보냈다. 너무 기가 막히고 억울했다.

세무서의 과세처분 근거는 이러하다. 돌아가신 분이 돌아가신 날 현재 1주택만 갖고 있다가 그것을 상속인들이 상속받아 양도할 경우 상속주택 특례에 의해 비과세 처분한다.

그러나 2주택을 소유한 사람에게서 상속받는다면 상속주택에 관한 특례규정을 적용받지 못하며 마지막 한 채의 집을 처분하는 시점이 취득일로부터 3년 미만이라면 세금을 내야 한다. 여기서 상속주택의 취득일은 상속개시일을 말한다.

2001년 12월 말경 상급기관에 불복청구를 했더니 국세심판원에서 등기우편을 보내 왔다. 두 채의 집을 생계를 함께 하는 동일 세대원이 상속받았다면, 상속받은 2주택 중 나중에 양도하는 1주택은 당초 돌아가신 분이 취득한 날로부터 양도일까지의 기간이 3년 이상이면 양도세는 비과세처분을 한다(국심2001중2100, 2001.12.15－국세심판원)는 내용이었다. 거리에는 구세군의 종소리가 땡땡 울리고 있었다.

20년간 살던 무허가 주택은 사라지고 고지서만

무허가 주택 증빙 못하면 과세

달동네에서 20년간 살다가 지금은 건너편 달동네로 이사와 살고 있는 노부부는 지난 몇 달간 살맛이 영 아니었다. 노부부는 지난 20년간 달동네의 무허가 건물에서 없지만 없는 대로 그럭저럭 살았다.

그러다가 어느 날 누전인지 뭔지로 그만 10평짜리 집이 연기로 변해버렸다. 2~3년 후에 집터만 남아있는 것을 팔아 그 돈을 힘겹게 살아가는 작은 아들에게 장사 밑천으로 주었다.

1년 후 고지서가 등기로 날아왔다. 세무서에 전화해 보니 나대지의 양도로 과세가 됐고 더구나 무신고와 무납부라는 사유로 가산세도 붙어 나왔다.

노부부가 살고 있던 동네로 달려가 이웃 주민들로부터 팔아 버린 나대지가 실제로는 무허가 주택이라는 사실을 확인하고 관할 동사무소의 담당자를 만나 몇 년 전의 무허가 건물대장을 찾아 사본을 첨부, 1세대 1주택 비과세를 사유로 조세불복을 청구해 그 건을 해결했다.

무주택자 앞으로 돌려놓은 아파트

사실 정황에 따라 과세 여부 결정

어느 은행원의 이야기다. 그는 은행에서 약간의 자금을 대출받아 서울 강남 요지의 재건축이 기대되는 아파트를 구입했다.

구입 당시 그는 은행의 직장주택 조합원이어서 조만간 조합주택을 분양받게 되어 있는 상태였다. 그래서 그는 그 당시 무주택자로 되어 있는 동생의 명의를 빌려 재건축 아파트의 등기를 이전했고 자신이 그 집에서 몇 년간 거주했다.

2~3년 전부터 재건축 붐으로 가격이 기대 이상으로 호가하자 그는 양도를 하고 당당히 1세대 1주택의 비과세 제도를 마음껏 향유했다.

그러던 어느 날, 한 통의 행정우편이 날아 들었다. 그는 양도세 부과처분에 불복청구를 했지만 기각됐다. 기각사유는 다음과 같다.

동생이 해당 주택을 직접 취득했다고 주장하는 시점의 직업은 영세한 개인업체에 근무하는 직원(28세)으로 급여가 생활비 정도에도 미치지 못할 만큼 작았고 당해 주택 취득 후에도 본인은 변두리 소재 다가구주택 반지하에 계속 거주했다.

반면 당해 취득 주택은 형이 취득일 이후 상당기간을 거주했다. 또한 양도 당시의 정황을 살펴봤을 때 양도인이 제시한 매매계약서를 보면 매도인의 대리인으로 형이 매매계약을 한 사실이 확인되고 매매대금 2억 1,000만 원 중 계약금 1,000만 원을 제외한 2억 원이 동생의 예금계좌에서 입금일 당일 현금으로 전액 출금됐다.

그러나 같은 은행, 같은 지점, 같은 날짜로 2억 원의 자기앞수표가 발행됐고 이 수표는 모 은행의 형 예금계좌에 입금된 사실도 확인됐다. 그러나 동생은 매도대금 2억 1,000만 원의 사용내역에 관한 신뢰할 만한 증거를 제시하지 못하고 있다.

이 같은 아파트 취득 및 양도 당시의 정황, 전후 사정 등으로 볼 때 해당 주택의 실소유자는 형이고 동생은 단지 명의 대여자에 불과, 실질과세의 원칙을 적용해 양도세를 부과했다.

농한기 논밭에 건자재 쌓아 놓지 마라

자칫하면 양도세 물 수도

농지를 팔면 8년 이상 재촌하며 경작하는 경우 양도세는 1억 원 이하라면 전액 면제가 된다. 그러나 조심해야 할 것은 농사를 지은 햇수가 8

년이냐 10년이냐보다 양도일 현재 그 땅이 경작을 하고 있는 농지이냐가
세금 면제의 관건이라는 점이다.

따라서 농지를 양도하고 세금을 면제받고자 하는 전국의 농민 여러분
에게 당부하고 싶다. 겨울철 농한기에 빈 땅 놀리기가 아깝다고 걱정하
는 찰나에 주변 건설현장 사무소에서 건자재 적치장이 필요하니 잠깐 빌
려달라고 요청하면 다시 한 번 재고를 하라는 것이다. 양도세가 과세될
확률이 아주 높기 때문이다.

건축자재 적재용으로 사용되어 정상적으로 농사를 지은 경작지로 인
정할 수 없다는 사유로 양도세를 과세한 사례가 여러 건 있다(국심2001
중1611, 2001.12.26, 국심2001구722, 2001.12.5-국세심판원외 다수).

동호회의 조그만 상가주택

소유지분 1/3도 1주택으로 본다

사회적 · 경제적인 지위와 여유로 사회활동과 가정생활, 친구들과의
모임 등에 자신만만하고 행복한 어느 신사의 이야기다.

대학 동창과 저녁식사하던 중 한 친구의 제안으로 동호회의 기금을 어
느 정도 투자하여 그로부터 발생하는 수익금으로 부부동반, 가족동반 나
들이랑, 경조사 비용 등을 충당하고자 조그만 상가주택을 매입하기로 결
의했다. 월세 받고 기금 늘어나고 일석이조를 노린 것이다.

3인의 공동기금으로 상가주택을 매입하고 3인의 공동소유로 했다. 지
분은 1/3. 모두들 상가에서 매월 짭짤하게 월세 받는 재미에 그 모임은
점점 돈독해져 가고 있었다.

그런데 그중의 한 친구에게 전혀 생각지도 못한 문제가 발생했다. 세무서에서 양도세 고지서가 날아온 것이다. 그는 처음에는 '뭐가 착오가 있겠지' 라고 생각했다.

그는 지난 가을에 살고 있는 59평 아파트를 팔고 63평 아파트로 이사했다. 그러나 1세대 1주택이니 세금은 없을 것으로 생각했는데 세금이 부과된 것이다.

관할 세무서에 찾아가니 담당 직원은 "선생님은 작년 가을 아파트 양도 당시 1세대 2주택입니다. 저희가 파악한 자료에 의하면 근린생활시설 안에 사무실은 1, 2층이고 3층은 주택으로 되어 있으며 현재 선생님의 소유지분은 1/3입니다. 비록 1/3의 주택을 소유하고 있지만 세법상 1세대 2주택으로 판정하니 저희도 어쩔 도리가 없군요" 라고 답변했다.

제3부

상속세 및 증여세대첩

제1장 | 상속세의 기본구조

제1절 상속 관련 기본용어

상속인

상속과 상속개시일

상속이란 자연인이 사망했을 때 그 사망한 자연인과 일정한 친족관계가 있는 사람들에게 재산적인 권리와 의무가 포괄적으로 승계되는 민법상의 법률관계가 형성되는 것을 말한다.

여기서 친족이란 배우자와 혈족, 인척을 의미한다. 상속은 자연인의 사망과 동시에 시작된다. 이 날을 상속개시일이라고 한다. 상속인이 그 날을 알고 모르는 것은 불문한다.

상속인과 피상속인

상속인은 상속을 받는 사람을 말하며 피상속인은 사망한 사람을 가리

킨다. 민법상 상속권자는 직계비속, 직계존속, 형제자매, 4촌 이내의 방계혈족 및 배우자이다.

상속재산의 분배

상속재산을 상속인들이 분배하는 방법은 ▲고인의 유언과 생전에 증여하겠다고 약속한 사인 증여에 따라 우선 배분 ▲유언이나 사인 증여가 없을 경우 상속인 간의 협의에 의해 재산 분할 ▲협의에 의해 재산분할이 결정되지 않는 경우 민법에서 정한 상속인 각자의 법정지분에 따라 재산을 분할하는 방법 등이 있다.

상속순위와 법정 상속지분

상속순위

민법상 상속인이 상속재산을 받을 수 있는 순서를 말한다. 상속재산을 받을 수 있는 1순위는 직계비속이다. 만일 직계비속이 여러 명이라면 피상속인과의 혈연관계가 가까울수록 상속순위가 우선한다. 2순위와 3순위는 각각 직계존속과 형제자매다. 또 4순위는 3촌부터 4촌까지의 방계혈족이다.

배우자의 경우는 직계비속과 직계존속이 상속인이라면 그들과 같은 순위이고 그들이 없는 경우에는 단독으로 상속한다.

상속지분

• 자녀 및 배우자가 있는 경우(배우자는 자식의 50% 가산)

1) 자녀 1, 배우자

$$자 \quad 식 = \frac{1}{1+1.5} = \frac{1}{2.5}$$

$$배우자 = \frac{1.5}{1+1.5} = \frac{1.5}{2.5}$$

2) 자녀 2, 배우자

$$자 \quad 식 = \frac{1}{1+1+1.5} = \frac{1}{3.5}$$

$$배우자 = \frac{1.5}{1+1+1.5} = \frac{1.5}{2.5}$$

- 자녀 없고 직계존속과 배우자가 있는 경우

$$부모는 각각 \frac{1}{3.5} \quad 배우자는 \frac{1.5}{3.5}$$

상속승인과 포기

상속승인

상속은 돌아가신 분의 모든 재산과 부채가 사망과 동시에 상속인들에게 포괄적으로 승계되는 법률효과가 발생한다. 상속인이 상속개시일로부터 상속포기를 신고하지 않는 한 상속은 승인된 것으로 본다.

따라서 돌아가신 분의 재산보다도 부채가 많은 것으로 생각되면 상속인들의 경제 상태가 현저히 악화되므로 이때는 상속재산의 한도 이내에서 상속을 받으면 된다. 이것을 한정승인이라고 한다. 민법상 한정승인은 상속개시가 있음을 안 날로부터 3개월 이내에 법원에 신고하도록 하고 있다.

상속포기

상속포기란 상속재산과 부채금액에 관계없이 그 전부를 포기하는 법률행위다. 상속포기는 상속인이 공동으로 할 수도 있지만 특정한 1인의 상속포기가 가능하다.

만일 여러 명의 상속인이 있는데 그중 한 사람만이 상속포기를 했다면 상속재산과 부채는 상속을 포기한 사람을 제외한 나머지 상속인들끼리 분할하여 상속받으면 된다.

유언과 유언의 방식

유언은 고인의 뜻이 담긴 가장 중요한 문서이다. 상속재산을 분배하는데 있어 특히 유언은 최우선적으로 존중되어야 하고 이로 인해 상속인들에게 미치는 영향도 가장 크다.

때문에 민법은 유언의 방식에 대해 엄격한 요건을 규정하고 있다. 유언이 법정요건을 구비하지 못할 때는 유언으로서의 효력이 없다.

유언의 방식

민법에 따르면, 유언은 다음과 같은 다섯 가지의 방식이 아니면 그 효력이 발생하지 않는다. 다섯 가지의 유언방식이란 ▲자필증서 ▲녹음 ▲공정증서 ▲비밀증서 ▲구수증서이다(민법 1060조와 1065조).

비밀증서와 구수증서에 의한 유언에는 반드시 2인 이상의 증인이 유언의 내용에 대해 유언한 사람과 함께 서명 날인해야 한다.

다만 미성년자, 금치산자, 한정치산자, 유언에 의해 이익을 받을 수 있는 그 배우자와 직계혈족 등은 증인이 될 수 없다(민법 1069조, 1070조, 1072조). 이러한 결격사유가 있는 증인이 서명 날인한 유언장은 그 법적 효력을 인정받을 수 없다.

상속세 계산 흐름도

상속세 계산 흐름도

상속세 과세가액 − 각종 상속공제 = 과세표준

과세표준 × 세율 = 산출세액

산출세액 − 신고세액공제 = 자진 납부할 세액

각종 상속 공제 제도

기초공제 및 기타 인적공제

상속공제 제도는 기초공제와 기타인적공제로 구분되며 기초공제금액은 2억 원이다. 기타인적공제는 자녀공제, 미성년자공제, 연로자공제, 장애인공제 등이 있다.

미성년자공제의 경우 미성년자는 20세를 기준으로 현재 나이를 뺀 다음 500만 원을 곱한 금액으로 산출 적용한다. 또 연로자공제는 60세 이상의 경우 1인당 3,000만 원까지 공제해 준다.

장애인공제는 75세를 기준으로 현재 나이를 뺀 다음 500만 원을 곱해 산출한 금액을 적용한다.

한편 미성년인 자녀는 장애인공제와 미성년자공제를 모두 받을 수 있다. 장애인에 해당하는 사람이 미성년인 자녀나 연로자 또는 배우자인 경우에는 자녀공제, 미성년자공제, 연로자공제, 장애인공제 및 배우자공제 모두 가능하다.

상속인은 아니라도 돌아가신 분이 상속개시일 현재 사실상 부양하고 있는 직계존비속 및 형제자매도 미성년자, 연로자, 장애인에 해당하면 공제를 받는다.

일괄공제

상속인은 위에서 설명한 기초공제와 기타인적공제를 개별적으로 계산해 공제받을 수도 있지만, 개별적으로 공제를 하지 않고 일괄하여 5억 원을 공제받을 수도 있다. 과세당국은 상속인의 신고가 없는 경우에는 일괄하여 5억 원을 공제해 준다.

하지만 상속인이 배우자 한 사람뿐이라면 일괄공제는 적용할 수 없고 기초공제와 기타인적공제를 각각 개별적으로 산출 공제해야 한다.

가업상속공제

상속개시일 현재 가업의 전부를 상속인 중 당해 가업에 종사하는 사람(18세 이상으로서 상속개시일 2년 전부터 계속 가업에 종사한 경우)이 상속받을 때 1억 원 한도로 추가로 공제를 받는다.

영농상속공제

피상속인이 영농에 종사한 경우 영농상속재산의 전부를 상속인 중 영농에 종사하는 상속인이 상속받을 때는 2억 원을 한도로 공제받는다.

영농이란 농사를 짓는 것뿐만 아니라 축산, 임업, 어업을 포함한다. 영농재산이란 농지, 초지, 5년 이상 조림한 산림지, 어선 등을 말한다.

배우자공제

배우자가 실제 상속받은 금액을 공제한다. 그러나 그 금액이 5억 원 미만이거나 신고를 하지 않을 경우에는 5억 원을 공제한다.

반면 상속재산이 아주 많은 경우에는 배우자의 법정상속가액에서 10년 이내에 사전 증여한 재산가액을 뺀 금액이 30억 원을 초과하면 30억 원을 한도로 공제한다.

세율(상속세 및 증여세율 2000. 1. 1 이후부터 2004년 현재)

과 세 표 준	세　율	누진 공제
1억 원 이하	10%	없음
5억 원 이하	20%	1,000만 원
10억 원 이하	30%	6,000만 원
30억 원 이하	40%	1억6,000만 원
30억 원 초과	50%	4억6,000만 원

신고기한과 납부

신고기한

돌아가신 분의 주소가 국내인 경우 상속인들은 돌아가신 분의 최종 주소지를 관할하는 세무서에 상속개시일로부터 6개월 이내에 상속세를 신고 납부해야 한다.

반면 피상속인과 상속인들의 주소가 모두 외국인 경우 상속개시일로부터 9개월 이내에 상속재산 소재지를 관할하는 세무서에 신고납부를 해야 한다.

상속세 납부

상속세가 1,000만 원을 초과하면 45일 이내에 2회에 걸쳐 분할납부가 가능하다. 만일 상속세가 수천만 원 이상의 고액이면 45일 이내에 전액 납부하는 것이 납세자에게 경제적 어려움을 안겨줄 수 있다.

이러한 경우에는 일정한 담보를 제공하고 3년 이내의 기간에 4회 이내로 나누어 낼 수 있다. 이것을 연부연납이라고 한다. 물론 관할 세무서장의 허가를 받아야 하고 분할 납부기간 중의 이자도 내야 한다.

상속세는 돈이 없으면 땅으로도 가능하다. 세금이 1,000만 원을 초과하고 상속재산 중 부동산과 유가증권(상장된 주식·채권은 제외)이 총 상속재산의 1/2를 초과하면 현금 대신 부동산이나 증권 등으로도 낼 수 있다. 이것을 물납이라고 하며 허가를 받아야 한다.

평가원칙에 따라 세금이 달라진다

상속세 및 증여세 문제에 있어서 재산평가원칙과 기준에 따라 상속재산의 가액과 납세자가 부담해야 하는 세금이 달라진다. 그러므로 평가원칙과 그 기준은 평가의 객관성과 통일성을 지녀야 하는 것은 물론 과세의 공평성과 공정성을 제고할 수 있는가도 검토되어야 한다.

이러한 양면성 때문에 재산평가 문제의 어려움이 제기된다. 특히 평가대상 자체가 대부분 부동산이나 비상장 유가증권 등으로 구성되어 해당 재산을 현실적으로 시장에 매각하지 않는 한 재산 자체의 정확한 가격을 객관적이고 신뢰성 있는 측정치를 제시하기 어렵다는 측면에서 과세당국과 상속인 간에 상속가액 산정을 둘러 싼 쟁점이 자주 있는 편이다.

재산평가는 시가로 한다

재산은 시가로 평가한다. 상속개시일 현재의 시가에 의해 평가한다는 말이다. 시가란 시장에서 거래로 형성된 가격이다. 그러므로 상속재산을 시장에 내다 팔지 않는 한 엄밀한 의미에서 시가는 확인할 수 없다.

이러한 이유로 상속세 및 증여세법에는 시가로 인정할 수 있는 범위를 명시하고 있다. 그 범위는 ▲상속개시일 전후 6개월의 기간 내에 거래된 매매가액, 감정가액, 수용, 경매 또는 공매로 확인된 가액 ▲매매가액 중 친인척 등 특수관계가 있는 분과의 거래로 인해 거래가액이 부당하게 고 가이거나 저가인 경우 제외 ▲상속재산에 대해 2개 이상의 감정평가기 관이 감정한 감정가액의 평균액이 공시지가나 국세청 기준시가의 80% 에 미달하는 경우 불인정 ▲시가로 보는 가액이 둘 이상인 경우 상속개 시일에서 가장 가까운 날에 해당되는 가액으로 한다.

담보가 있는 자산은 특별하다

각종 채무에 대한 담보로 제공되어 있는 자산은 앞에서 설명한 평가원칙과 달리 다음과 같이 평가한다. 동일한 부동산이라고 해도 담보여부에 따라 상속재산의 평가액이 달라지게 되어 상속세금의 크기를 좌우하게 되는 셈이다.

▲저당권, 근저당권이나 질권이 설정된 재산은 그 재산이 담보하는 채권액과 상속개시일 현재의 시가 중 큰 금액으로 평가한다. 여기에서 담보제공 재산에 대한 채권액은 상속개시일 현재 설정되어 있는 채권액에 한한다.

▲근저당권이 설정된 재산이 공유물로서 공유자와 공동으로 그 재산을 담보한 경우에는 당해 재산에 대한 감정가액 중 각 공유자의 지분율에 따른 금액을 그 감정가액으로 본다.

▲동일한 부동산이 근저당, 전세권 등 다수의 채권의 담보로 되어 있는 경우에는 그 재산이 담보하는 채권의 합계액으로 평가한다.

▲동일한 부동산에 여러 건의 근저당권이 설정된 경우에는 각각의 근

저당 설정을 위한 감정가액 중 큰 금액으로 평가한다.

부동산을 세주면 상속세가 달라진다

부동산을 세주고 월세나 전세보증금을 받게 되면 상속세가 달라진다. 상속세의 재산평가원칙 중 임대부동산에 관하여는 특례 규정을 신설했기 때문이다.

임대부동산의 평가에 관한 특례 규정을 보면 임대차계약이 체결되거나 전세권이 등기된 재산의 경우는 1년 간 임대료/18%+임대보증금과 상속개시일 현재의 시가 중 큰 금액으로 평가한다.

이는 D-DAY를 목전에 둔 경우 월세나 임대보증금은 단순한 임대수입 차원을 떠나서 상속세관리 차원에서 보아야 한다는 것을 시사한다.

제1절 상속준비를 위한 제언

상속전략은 종합적인 자산관리 시각에서

준비된 상속만 있다!

상속세는 돌아가신 날에 확정된다. 돌아가신 후에 여러분이 제갈공명이나 히딩크를 책사로 임명한다고 해도 세금과의 전쟁에서 승리할 수 없다. 승리할 수 있는 전쟁을 패배하고 만 것이다.

상속전략은 종합적인 자산관리에서

뛰어난 자산관리 전문가가 되려면 유능한 상속전략가가 되어야 한다. 자산관리의 최종적인 업적평가는 세후 투자수익률로서 결정된다. 미래에 발생할 수 있는 세금을 고려하여 자산별 최적 포트폴리오를 구성하여 세후 수익률을 극대화하고 순현금 흐름을 원활하게 해야 한다.

어느 상속인은 상속받은 자산이 대부분 부동산으로 구성되어 있어 세금을 납부할 현금이 부족하여 선친이 축적한 부동산을 헐값으로 처분해야 하는 상황도 발생하고 있다.

때문에 상속세금을 고려한 자산관리의 중요성이 새롭게 부상되고 있고 재산가들은 나름대로 상속준비를 생각하고 있는 것이다.

상속전략의 필요성은 어느 정도의 재산가라면 그 중요성을 인식하고 있거나 장기적인 계획 하에 전략을 이미 실행하고 있어야 한다. 상속전략 수립에 있어 가장 큰 비법은 충분한 시간이다. 준비된 사람일수록 절세의 고지에 깃발을 꽂을 가능성은 현저히 높아진다.

준비는 50대부터

세법은 우리로 하여금 준비를 하라고 한다. 피붙이에게 재산을 넘겨주려거든 10년 훨씬 이전에 하라고 하며, 재산을 처분하려거든 죽기 전에 하라고 한다.

부채와 관련하여 다른 사람한테 빌린 돈도 세금 줄이는데 보탬이 되는 것도 있고 오히려 화만 자초하는 것도 있다.

하여간 상속세법은 "이러면 안 돼! 저래도 안 돼!" 하면서 지뢰밭 투성이다. 그중 한 개라도 잘못 밟으면 귀중한 돈이 사라져 버린다.

상속세는 재산액수가 동일해도 가족관계나 갖고 있는 부동산의 담보가액에 따라 세금 또한 달라진다. 충분한 시간, 적어도 50대부터는 인생의 대차대조표를 작성하는 시간을 가져야 하는 이유가 여기에 있다.

대차대조표를 작성함에 있어서 사랑하는 아내와 자식들과도 의견을 주고받아야 한다. 마지막으로 공인회계사와 언제나 세금 문제를 상의한다는 것도 잊지 말아 주시길.

상속준비의 첫 단계는 철저한 기록이다

우리 한국인들이 서양 사람들과 다른 부분이나 부족한 부분을 대라면 주저 없이 기록과 문서화 작업이라고 말하고 싶다. 우리네는 기록하는 습관과 문서를 만들어 보관하거나 후대에 남기는 기록문화가 부족하다.

기록하고 문서를 남기는 습관이야말로 증거자료와 거증책임을 납세자에게 부과시키고 있는 우리의 과세관행에서 자신의 재산을 지킬 수 있는 강력한 무기이다. 아버지가 아들의 예금계좌를 개설하여 예금을 입금한 경우를 사례로 들어보자.

아버지가 단순히 각 개인별로 규정되어 있는 비과세나 세금우대 등 제도상의 혜택만을 받을 목적으로 아들통장을 만들었을 수도 있고, 아들의 생활자금이나 장사밑천 등으로 아들에게 주려고 입금을 했을 수도 있다.

이때 만일 예금계좌 개설 및 입금 경위에 관한 정확한 기록과 문서 등이 없다면 과세당국은 이것을 증여로 보아 증여세를 과세하고 그 시점이 상속개시일 전 10년 이내에 예금된 것이라면 그 금액을 상속재산에 포함해 상속세까지 과세되는 엄청난 세무적 사건으로 비화한다.

반면, 단순히 비과세나 세금우대, 예금자 보호한도 등 1인별로 제한된 조세상의 혜택을 이용할 목적이었다면 증여세 문제는 전혀 발생되지 않는다.

이때도 역시 예금계좌 개설에 관한 기록 등이 전혀 없다면 안타깝게도 국세청과 가족 등 아무도 그 예금에 관한 진실을 밝혀 줄 수가 없다.

이 경우에는 자신의 이해관계에 따라 국세청은 세금을 내라는 방향으

로, 가족은 세금을 내지 않으려고 나름대로 궁리할 것이다. 기록은 자신
의 진실을 사랑하는 가족에게 전달할 수 있는 유일한 등불이다.

빠르게 강화되고 있는 상속세법에 눈과 귀를 주라

상속세와 증여세법은 지속적으로 개정되
어 놀랍도록 빠르게 강화되고 있다. 지난 1990년부터 2004년까지 강화되
는 속도가 세무전문가들조차 따라갈 수 없도록 신속하고, 그 규정의 내
용 또한 상당히 실체적이고도 정밀하여 우리의 상속전략 수립을 어렵게
하고 있다.

이러한 상속세 및 증여세법의 강화는 세금 없는 부의 세습을 원천적으
로 봉쇄해야 한다는 국민정서가 뒤에서 밀고 세정당국이 앞에서 끄는 쌍
끌이 전략으로 좀더 빠르고, 치밀하게 개정되고 있는 현실이다. 그러므
로 언제나 뉴스에 눈을 주고 여러분 곁의 공인회계사에게 귀를 주어 자
신의 상속전략을 끊임없이 수정해 나가야 한다.

간주상속재산을 철저히 피하라

상속세 절세전략 제1호는 간주상속재산
피하기이다. 상속개시 당시 가족들에게 실제로 남겨 준 재산도 아니면서
상속세를 계산할 때는 실물 상속자산브다 더욱 세금을 많이 두드려 맞는
간주상속재산을 철저히 회피하면 우리의 상속전략은 이미 절반은 성공

한 셈이다. 재산이 10억 원을 약간 웃도는 경우라면 특히 완승을 거두는 경우가 대부분이다.

간주상속재산으로는 상속개시 전 10년 내에 증여한 자산과 예금인출, 부동산처분, 차입금 발생액 중에서 그 용도가 명백하지 않는 금액이 이에 해당한다.

상속세법은 이러한 간주상속재산을 상속재산에 포함해 상속세를 매기기 때문에 돈의 향방을 철저히 기록하고 그 근거가 되는 객관적인 증거자료를 문서화하는 것이 상속세를 줄일 수 있는 첫걸음이다.

노년의 싱글은 상속준비도 다르다

상속세는 가족관계에 따라 달라진다. 가족 중에서도 배우자의 생존여부에 따라 세금이 크게 변한다. 일반적으로 말하면 배우자가 있을 경우에는 재산액이 12억~13억 원 정도라면 상속세는 거의 없다.

상속세법은 배우자와 자녀가 있을 경우 기본적으로 상속세 과세가액에서 10억 원을 공제하여 준다. 과세가액은 상속재산을 상속세법이 정한 방법에 의거 평가한 금액이므로 우리가 말하는 재산액과는 상당히 다르다.

그러나 부동산 등이 주로 많다면 12~13억 원 정도는 세금이 없는 경우가 많다. 반면 자녀만 있다면 공제액이 5억 원뿐이다. 이때는 상속세가 상당히 커지므로 동일한 재산 규모라고 해도 배우자 유무에 따라 상속세에 대한 관심과 준비가 당연히 달라야 한다.

사전증여는 10년 간을 합산한다

D-DAY 이전의 증여는 참으로 신중을 기해야 한다. 세법은 돌아가신 분이 상속개시 전 10년 이내의 기간에 걸쳐서 상속인들에게 증여한 재산에 대해서는 상속재산에 합산해 상속세를 과세한다.

때문에 사전증여 당시 재산을 증여받은 사람이 증여세를 납부했지만, 사후에 상속세를 산출하여 상속세가 나올 경우에는 상속세를 추가로 납부해야 하는 이중 과세를 부담하게 된다. 물론 이때 증여 당시 납부한 증여세는 빼주지만 일반적으로 추가적인 세금 부담이 발생한다.

사전증여 여부에 대해 과세당국과 납세자들의 다툼은 크게 명의신탁한 부동산과 상속인 명의의 예금계좌에 입금된 금액에서 야기되고 있다.

이 중 한 가지 사례를 소개한다.

상속개시 전 타인명의의 부동산이 사망일 후에 피상속인의 배우자에게 소유권이전된 것을 탈세제보 자료에 의해 돌아가신 분이 당초부터 소유한 명의신탁 부동산이므로 실제 소유자가 등기상의 명의자에게 사전증여한 것으로 보아 일선 세무서는 과세했고 납세자의 불복에 대해 국세심판원도 같은 취지로 납세자의 불복청구를 기각했다(국심2001서442, 2001.6.20).

또 상속개시일 전 10년 이내에 피상속인의 계좌에서 인출되어 상속인의 계좌에 입금된 금액(국심2001중579, 2001.6.20)과 상속개시일 전 1년 내에 피상속인의 예금계좌에서 상속인들의 예금계좌로 분산 입금된 금액(심사상속99-360, 2000.1.20)도 각각 사전증여로 보아 과세처분했다.

용도가 분명하지 않은 것만 상속세 낸다

사전에 재산을 팔아 버렸다고 세금을 모두 받아 가는 것은 아니다. 예기치 못한 사고로 먼저 사망하는 경우가 많이 있는데 죽기 전에 국세청에 신고하고 죽을 날짜를 받아 놓을 순 없지 않은가 말이다. 그럼 어느 경우에 사전(?) 처분한 대금이 세금으로 나오는지 알아보기나 하자.

죽기 전 1년 이내와 2년 이내에 재산 처분해야

피상속인이 돌아가시기 1년 또는 2년 이내에 예금을 인출하거나 주식, 부동산 등을 처분할 경우는 자금의 사용처를 밝혀야만 한다. 특기할 사항으로는 부동산의 처분시점을 언제로 봐야 하는가의 여부이다.

일반적으로 부동산을 처분하기 위해 매매계약을 했다고 하면 계약금을 수령하고 잔금을 완전히 받기까지 수개월 정도의 시간이 필요한데 그 기간 중에 돌아가셨다고 하면 이야기가 좀 복잡해진다.

사전 처분재산을 상속재산으로 추정하는 입법취지는 피상속인이 사망을 예견하고 상속세를 부당히 감소시키고자 사전에 재산을 처분해 상속인들에게 미리 분배하거나, 현금 등 과세자료를 포착하기 어려운 자산형태로 전환해 상속할 개연성을 차단하고자 함이다.

1996년 12월 31일 관련 시행령이 개정되기 이전까지는 처분행위를 한 날, 다시 말해 매매계약일을 처분시점으로 보아야 한다고 대법원이 판결하고 있다(대법 88누 3185, 1989.2.14).

하지만 1997년 1월 1일 이후부터는 1년 이내에 실제로 수입한 금액을 상속재산에 포함시킨다는 명문 규정을 신설하여 처분한 가액에 대한 시시비비를 일단락지었다.

다시 말하면 부동산을 매매계약하고 대금을 계약금, 중도금, 잔금 등으로 분할하여 수령하게 될 때 그 수령한 날짜를 기준으로 1년 또는 2년 기준을 적용하여 판단하면 된다.

처분한 재산금액은 재산 종류별로 2억 원 또는 5억 원 이상

처분한 재산금액은 재산 종류별로 일정 한도액 이상일 경우에만 가산한다. 가령 사망 전 1년 이내에 예금 1억 원 인출, 주식 1억 2,000만 원 매도, 부동산 1억 9,000만 원 처분, 특허권 1억 8,000만 원에 매각하여 총 5억 9,000만 원의 재산을 처분했다고 치자.

그렇다면 상속재산에 가산되는 금액은 예금과 주식 대금 2억 2,000만 원뿐이다. 다른 자산은 처분금액이 2억 원 미만으로 제외되기 때문이다.

용도가 객관적으로 명백하지 않아야 한다

객관적으로 용도가 명백하지 않다는 것은 그 처분이나 인출대금으로 다른 재산을 취득, 대여 또는 부채를 상환했거나 아니면 개인적 소비로 지출한 경우 등으로 객관적인 증거자료와 거래 상대방으로부터 사실확인이 입증될 수 있는 경우를 말한다.

용도는 80% 이상만 입증하면 된다

재산처분이나 예금인출액이 2억 원이나 5억 원 이상이 될 경우 그 금액 전액을 입증할 필요는 없다. 현실적으로 재산처분 당사자가 아닌 상속인들이 생전에 피상속인이 처분한 재산대금의 사용처를 일일이 증명한다는 것이 상당히 어려운 일이다.

세법도 이러한 점을 반영하여 처분대금의 80% 이상만을 소명하도록 요구했다. 다시 말하면 20%는 소명을 하지 못한 경우라고 해도 그 금액이 2억 원 미만이라면 과세가액에 합산하지 않는다.

1억 원짜리 일기장

옥션에서 거래된 엘리자베스 여왕의 일기장이 아니다. 실제로 상속인들에게 현금 1억 원을 안겨 준 일기장의 이야기이다.

사건의 발단

Q세무서가 1991년 7월 사망한 T의 상속인들에게 법정기한 이내에 상속세를 신고납부하지 않았다고 해서 상속세 8억 8,700만 원을 2000년 10월(사망한 지 9년 후에 세금이 나오니 참 빨리도 나온다) 결정고지했다.

세무서가 과세 처분한 내용 중의 하나는 상속개시일 전 2년 이내에 피상속인의 예금계좌에서 인출된 금액 1억 4,600만 원이 포함되어 있었다.

상속인들의 주장

처분재산 중 사용처가 불분명한 금액 1억 4,600만 원의 지출처를 규명할 만한 확정적인 증빙은 없다고 해도, 지출의 대부분이 사회통념상 지출된 금액임이 피상속인의 일기장에 의해 확인되고 그 내용 중의 하나는 법원의 판결문에 기록된 내용과도 일치하여 그 지출사실이 분명하므로 그 용도가 명백하지 않다고 해서 상속세 과세가액으로 가산하여 과세처분하는 것은 부당하다.

국세청 의견

상속인들이 2년 이내에 처분한 재산 중 사용처가 불분명한 금액에 대한 증빙으로 피상속인이 기록한 일기장을 제시하고 있으나, 일기장에 기록된 지출금액이 2년 이내 처분한 재산의 자금으로 지출된 것인지 불분명하므로, 그 금액을 사전처분한 재산 중 용도가 명백하지 않은 자금으로 보아 상속세 과세가액에 산입하여 상속세를 부과한 일선 세무서의 처분은 정당하다.

국세심판원의 판단

일기장의 기록을 보면, 피상속인이 매일같이 신변잡기뿐만 아니라 재산처분대금의 소명기간 중(1989.7~1991.7) 자금 사용처를 세부적으로 기록하고 있다.

이 중 일기장에 기록된 두 건의 지출금액이 같은 날짜 예금통장의 출금액(8,000만 원)과 일치되고, 그 금액이 상속인들이 현재 쟁점이 되고 있는 본 조세불복청구와는 다른 소송사건과 관련지어 보관하고 있는 판결문에 기록된 Y회사의 주식투자금액의 일부란 사실을 인정할 수 있다.

그리고 본 과세처분이 상속개시일토부터 10년이 지나 객관적인 증빙 수집이 곤란하고, 불분명한 금액이 대부분 사적인 용도로 지급한 관계로 세금계산서나 영수증 등 객관적인 증빙 없이 금전거래가 이루어졌지만, 그 기록의 신빙성이 인정되므로 일기장에 기록되어 있는 1억 4,600만 원을 차감 경정하라고 국세심판원은 결정했다.

일기장 덕분에 상속세를 9,800만 원 감액받게 된 셈이다. 이 일기장이 1억 원짜리가 아니고 무엇이랴!

유언장은 아무나 쓰나

유언은 아무나 하나, 유언장은 아무나 쓰나. 유언이 법적 요건에 미비하다고 해서 억울하게(?) 세금을 낸 사례 하나 들어 보자.

사건의 발단

D세무서가 1999년 4월에 11억 원이라는 거액이 피상속인의 통장에서 인출되어 같은 날짜로 여러 명의 상속인들에게 각각 입금된 것을 증여(사전상속)로 보아 증여세 1억 4,100만 원과 상속세도 재계산하여 각각 결정 고지했다. 피상속인이 사망하기 3개월 전(1999년 7월 사망)에 발생한 사건이다.

상속인의 주장

상속인들은 이 예금통장은 상속인들 간의 다툼을 미연에 방지하고자 피상속인이 상속인들의 명의로 통장을 개설, 입금했고 그 통장 역시 피상속인의 개인 금고에 보관함으로써 상속개시일 현재까지 피상속인의 지배권 하에 있어 상속인들은 자신의 예금계좌에 입금된 사실을 전혀 알 수 없었다.

증여란 증여자가 수증자에게 증여의사를 하고, 수증자가 이를 승낙함으로써 성립이 되는 계약이므로(민법 554조) 수증자가 배제된 상태에서 피상속인이 상속인들의 예금계좌로 임의로 입금한 단독행위에 불과하므로 유효한 증여로 볼 수 없다.

따라서 상속인들의 예금계좌에 입금된 돈은 증여가 아닌 유증에 의한 재산 취득으로 보아 상속세를 부과해야 정당하니 증여세 부과처분을 취소하라.

국세심판원의 판단

상속인들이 제출한 유언장과 예금계좌 개설 은행직원의 답변을 종합해 보면, 통장은 피상속인과 사위가 함께 은행에 방문하여 계좌개설 및 입출금을 했고 상속인 중의 한 명은 이미 입금된 돈을 1999년 6월(사망 전 1개월)에 전액 인출한 사실을 비추어 볼 때 상속인들이 상속개시 전에 증여 사실을 몰랐다는 주장은 신빙성이 없다.

유언은 반드시 법적 요식성이 구비되어야만 유언으로서 효력이 있다. 또한 결격사유가 있는 증인이 작성한 유언장은 적법한 유언으로 보기 어렵다. 그러므로 상속인들의 청구를 기각한다.

유언은 어떻게 하며, 증인은 누가 될 수 있나

▲유언의 요식성(민법 1060호) : 유언은 민법에 정한 방식에 의하지 않으면 효력이 발생하지 않는다.

▲유언의 형태(민법 1065호) : 유언은 자필증서, 녹음, 공정증서, 비밀증서, 구수증서의 5종으로 한다.

▲비밀증서와 구수증서(민법 1069, 1070호) : 비밀증서와 구수증서에 의한 유언에는 2인 이상의 증인이 유언장에 서명 날인해야 한다.

▲증인의 결격사유(민법 1072호) : 유언에 참여하는 증인은 유언에 의해 이익을 받을 자, 그 배우자와 직계혈족은 될 수 없다.

제2절 상속세 구조를 이용한 세금 죽이기

또 하나의 보물선, 숨은 재산을 찾아라

상속세는 다른 어떠한 세금보다도 부과기간이 길고 납세자의 단순한 부주의든 고의적인 누락이든지를 불문하고 세금을 적게 신고한 것에 대한 책임을 아주 엄하게 묻고 있다.

상속세 신고에 대한 조세부과권은 신고에 오류나 착오가 있을 경우 자그마치 15년간 지속되어 모든 국세 중에서 가장 길다.

조세시효가 이렇듯이 장기간이라는 것은 그만큼 과세당국이 강력하고도 철저히 상속세를 부과하겠다는 의지라고 할 수 있다. 그러므로 상속인들의 세심하고도 완벽한 주의 의무가 요구된다.

일반적으로 신고착오 원인 중의 대부분은 상속재산을 빠뜨리고 신고한다는 점이다. 과세당국은 신고누락에 대한 고의 여부를 불문한다. 따라서 정확한 상속세 신고납부를 위해서는 상속재산을 철저히 파악해야 하는 것이 급선무다.

유언이나 재산목록 등이 작성되어 있지 않다면 돌아가신 분의 유품 중 일기장, 메모장, 가계부 등 자료와 친척이나 친지들 및 사업상이나 직장 동료의 이야기를 모두 종합하여 재산 찾기에 총력을 기울여야 한다.

예금 · 주식 · 보험 등 금융재산 찾기

금융재산은 상속인들이 찾기가 가장 용이하다. 상속인임을 증명하는 서류를 구비하여 금융감독원 · 은행 · 증권회사 등을 방문하거나 문서를 작성하여 피상속인의 인적사항을 기록하고 상속재산 조회를 신청하면 예 · 적금, 주식의 거래와 잔고내역, 가입한 보험상품 및 만기, 보험금 내역 등을 모두 조회할 수 있다.

외상매출금 · 받을 어음 등 상거래 채권

피상속인이 자영업을 했다면 사무실에 비치 기록된 금전출납부, 거래처별 외상매출금 장부, 거래명세서와 세금계산서, 경리직원이나 사무실 직원에 대한 질문 등을 통하여 상거래 채권액을 빠짐없이 확인해야 한다.

이때 장부상의 채권금액보다 실제 거래된 거래명세서와 세금계산서 등의 금액이 더 커서 양자에 차이가 발생할 경우에는 그 원인을 철저히 규명해야 한다.

등기된 부동산과 근저당권, 가등기 등 채권에 대한 권리

등기된 부동산에 대한 소유권이나 부동산에 관련하여 근저당 또는 가등기된 채권이나 채무 등에 관한 자로는 현재 등기자료 등이 전산 관리되고 있는 국세청이나 행정자치부, 등기소 등 관계기관에서 그 정보를 공개하고 있지 않다. 따라서 상속인들이 해당 관청에 상속세 신고목적으로 피상속인의 소유재산을 파악할 방드가 없다.

그러므로 상속인들은 피상속인의 영수증이나 여타 서류 관계철 등을 샅샅이 뒤지거나 당해 부동산에 발생하는 종합토지세, 재산세 등의 조세

공과금 영수증이나 행정관청에서 발송된 각종 우편물 등을 보아 피상속인의 소유하고 있는 부동산이 없는가를 추리해야 한다.

재산 찾기 어려우면 빚쟁이를 찾아라

상속세 계산에 있어서는 빚도 재산이다. 고인의 채무를 하나하나 파악하여 신고를 하면 세금이 그만큼 줄어든다. 채무 역시 고인의 일기장, 메모장, 주위 사람들의 이야기를 참고하고 고인이 자영업을 했다면 거래처별 외상대장 및 어음이나 가계수표 발행대장, 거래명세서와 관련 회계장부의 기록을 토대로 철저히 파악하여 신고하면 상속세를 줄일 수 있다.

부채를 상속세에서 공제받는 요령

피상속인이 상속개시일 현재 부담하고 있는 확정채무는 금액에 제한 없이 모두 상속세 과세가액에서 공제한다. 그러나 빚이라고 모두가 같은 빚은 아니다.

상속세에서 공제하여 주는 빚 중에서 금융기관이나 회사 등으로부터 차용하거나 부담해야 할 채무는 관련 서류가 확실하고 상대방에 대한 조회 확인도 용이하여 부채로서 공제를 받는 데 별다른 문제는 제기되지 않는다.

하지만 대부분의 개인 간 채무에 대해서는 채무부담 사실에 대한 입증 요건이 까다로워 자칫하면 빚만 지고 세금은 세금대로 내야 되는 속터지는 일이 발생한다.

평소에 주위 사람들에게 돈을 빌려 줄 때는 반드시 챙겨야 할 서류가 있다. 다소 부담스럽고 어찌 보면 소심하고 야박한 것 같아도 채권자나 채무자 모두가 사는 길이다.

공제받기 위해 필수적으로 챙겨할 서류로는 ▲차용증 또는 채무부담 계약서 ▲채권자확인서(주민등록증, 운전면허증 등 신분확인용) ▲담보설정 및 이자지급에 관한 증빙 등이 있다.

여기에서 상속재산인 부동산에 어느 개인에 대한 채무를 담보하는 근저당권이 설정되어 있으나 그 채무내용이 객관적으로 입증되지 않으면 피상속인의 채무로서 인정을 받을 수 없다(심사상속99-177. 1999.9.3- 국세청).

여차하면 상속을 포기하라

고인의 재산과 빚을 파악하다 보면 재산보다 빚이 훨씬 많아서 상속인들의 걱정이 이만저만 아닐 때가 있다. 이러한 경우 상속인을 빚더미에서 건져 줄 수 있는 제도가 상속포기나 한정승인 제도이다.

상속포기는 상속으로 인한 모든 권리와 의무를 포기하는 효력이 있고, 한정승인의 경우에는 상속으로 받은 재산 한도 내에서 빚도 상속받겠다는 식이다. 참고로 신문에 게재된 상속포기에 관련된 기사를 보자. 2002년 기사이기는 하지만 지금도 크게 달라진 부분이 없다.

가계부채가 급증하고 있는 가운데 채무부담을 우려해 상속을 포기하는 사례가 폭주하고 있다. 2002년 2월 4일 금융계와 서울가정법원에 따르면 지난해 한 해 동안 법원에 접수된 상속포기 신청건수는 모두 2619건으로 지난 99년 1795건, 2000년 2216건 등에 이어 대폭 증가했다.

이들은 부모나 남편 등의 사망으로 재산을 상속받았으나 상속 재산은 적은데 이미 알려진 채무가 상속 재산을 넘거나 드러나지 않은 채무가 나타날 수 있는 가능성에 대비하기 위해 상속을 포기하고 있다.

이들 가운데 A씨는 어머니가 사망한 뒤 장롱, 침구류, 의류 등을 유산으로 받았으나 사망 전 제3자에게 채무보증을 해주는 바람에 보증금 청구가 들어오고 있어 상속포기를 신청했다.

또 B씨는 아버지가 사망한 뒤 통장에 50만 원의 예금을 남겼으나 드러나지 않은 아버지의 채무가 있을 경우 이 상속재산 한도 내에서만 채무를 변제하기 위한 '한정승인' 신청을 냈다.

이 같은 상속포기 신청 증가세는 지난 98년 말 183조 원에서 지난해 말 316조 원으로 증가한 가계부채와 지난해 말 245만 명으로 전년 말 대비 36만 6000명이나 증가한 신용불량자 수 등과 함께 가계부채의 심각성을 보여주고 있다.

법원은 또 과도한 채무를 물려받고도 제때 상속포기나 한정승인 신청을 하지 못한 사람들의 재산상 불이익을 막기 위해 오는 4월 13일까지 구제기간을 두기로 해 1300여 명이 가계빚으로 인한 재산상 손실을 방지할 수 있을 전망이다.

서울가정법원 관계자는 "IMF(국제통화기금) 이후 부모의 채무 등을 우려해 상속을 포기하는 사례가 늘고 있다"며 "가계부채가 급증하는 상황에서 이 같은 상속포기 는 더욱 증가할 것으로 예상된다"고 말했다.

생명보험, 보험료는 아내가 내라

요즈음 보험가입이 유행이다. 특히 중산층 이상의 가정에서 불시에 가장을 잃었을 경우에도 가족의 경제적 안정을 지켜주는 것이 가장의 책무라고 여겨 회사의 중견간부나 전문직 종사자들을 중심으로 생명보험, 그중에서도 종신보험이 최근 2~3년 간 많이 팔려 나갔다.

사망 후 받는 종신보험의 경우 월 납입 보험료 100만 원 정도부터 200~300만 원을 웃도는 보험상품이 많이 있고 실제 사망 후 지급받는 보험금도 5억~6억 원 이상이 되어 실제적으로 가정의 경제적 안정에 도움이 되는 상품이다.

그런데 매월 이 정도의 금액을 납입하는 사람들이라면 현재의 재산상태도 상속세 과세범위 근처를 맴돌 것 같아, 상속전략 측면에서 각별히 유의할 점을 말하고자 한다.

보험 계약과 보험료 납입은 반드시 아내나 자녀가 하라.

상속세법 8조는 피상속인의 사망으로 지급받는 생명보험이나 손해보험의 보험금으로서, 피상속인이 보험계약자가 되거나 계약자는 다른 사람이라도 피상속인이 실질적으로 보험료를 지급하고 받는 보험금은 상속재산으로 본다고 규정했다.

그러므로 10억 원 정도의 재산이 있는 사람이라면 상속세를 전혀 안 내도 됨에도 불구하고 보험금으로 5억 원을 받았을 경우, 상속재산 10억 원에 보험금 5억 원을 합해 상속재산이 15억 원이 된다.

이 경우에는 상속세 면세한도 초과분인 5억 원에 대해 고스란히 세금을 물어야 하는 대 사건이 벌어지게 된다. 보험 계약할 때 보험계약과 보험료 납입은 반드시 아내나 자녀 이름으로 해라. 보험료 낼 돈 없으면 보험료를 증여하고 증여세 신고를 하라.

중년이여! 아내에게 미리 넘겨라

가족에게 사전 증여를 함으로써 합법적으로 상속세를 절세할 수 있는 전략을 구상한다고 하자.

증여세법에 의하면 10년 동안 배우자에게 5억 원, 성년인 자녀에게 3,000만 원, 미성년자인 자녀에게는 1,500만 원을 증여세 없이 증여할 수 있다.

이 제도에서 상속재산을 가볍게 한다는 관점에서 본다면 아내를 통한 증여 방법이 절세 효과가 가장 뛰어나다. 10년간 5억 원의 증여제도를 활용하여 20년간 10억 원의 상속재산을 감소시킬 수 있기 때문이다.

그러면 아내에게 어떤 재산을 증여할 것인가를 연구하여 보자. 일단 현재 시가에 비해 증여세 평가원칙에 의한 평가액이 낮게 나오는 재산을 우선적으로 증여하는 것이 유리하다. 그 다음에는 현재의 시가는 비록 낮지만 향후에 가격 상승률이 클 것으로 기대되는 자산을 증여하는 것이 현명하다.

현금이나 예금 등을 증여할 경우에는 증여사실이 등기 또는 등록부에 의해 확인이 불가능하다는 이유로 증여 여부를 두고 과세당국과 시시비비가 야기될 수 있으므로, 반드시 3개월 내에 증여세 자진신고를 하여 증여사실을 객관적으로 입증해 둬라.

일반적으로 증여세 면세한도 이내에서는 증여를 받고도 세금이 없다는 이유만으로 신고를 하지 않는 경우가 아주 흔한데 이는 세무전략 측면에서의 점수가 0점이다.

면세한도 이내의 증여이므로 당당히 세무신고를 하고 그 신고서를 근거로 훗날의 상속전략에 대비할 수 있는 또 하나의 카드로 사용하라.

10억 원 이상 재산가는 1년에 1회 재산평가

배우자가 살아 있고 자녀가 있다면 상속재산 10억 원은 세금이 없는 면세점이다. 재산 10억 원은 우리가 말하는 재산가액 10억 원이 아니고 상속세법에서 정한 평가원칙에 의거 산출된 평가액 10억 원을 말한다.

재산 전부가 현금예금이라면 모르지만 어느 정도는 부동산이나 주식 등이 포함되어 있고 부동산의 경우에는 공시지가나 기준시가로 상속재산을 평가하는 관계로 실제 상속세를 안 낼 수 있는 재산규모는 10억 원보다는 훨씬 많은 금액이다.

그러므로 소유하고 있는 재산을 공인회계사의 자문을 얻어 1년에 1회 정도는 평가를 해보는 것도 상속전략 수립에 큰 도움이 된다.

하지만 재산평가 결과 10억 원이 초과하면 방도를 찾아야 한다. 사전처분 재산 중 상속재산에 포함되지 않은 금액이 재산종류별로 1년에 2억 원과 2년에 5억 원 미만이라면 상속재산에 포함되지 않는다. 이 규정을 이용하면 2년에 10억 원은 감액할 수가 있다.

가령 예금, 주식, 채권 등 금융자산에서 2년간 5억 원 미만을, 부동산을 처분하여 5억 원 미만을 각각 처분해 자금을 마련할 수가 있다. 이 금액이 상속인이나 기타 상속인 이외의 사람에게 지출되었는지의 입증 책임은 과세당국에 있다.

다시 말하면 과세관청이 객관적으로 명백하게 증여 사실을 입증하지 못하면 증여세를 과세할 수 없다. 이 규정을 적극적으로 활용하면 재산을 10억 원 이하로 감량할 수 있는 길이 보인다.

자산 포트폴리오 '금융자산보단 부동산으로'

재산이 10억 원을 훨씬 웃도는 사람들에게 상속 전략을 마련할 때 권고할 수 있는 사항은 자산 포트폴리오의 구성을 변경하라는 것이다.

상속재산 평가원칙에 의하면 예금이나 상장주식 등과 같은 금융자산은 우리가 알고 있는 재산금액이나 상속재산 평가원칙에 의거 평가한 금액과 동일하다. 상속전략에 있어 절세의 여지가 거의 없는 셈이다.

그러나 부동산의 경우는 전혀 다르다. 부동산은 평가방법이 시가가 아닌 공시지가나 국세청 기준시가를 적용하여 평가하는 관계로 일반적으로 상속재산가액이 부동산의 실제가액보다 적다.

이러한 평가원칙에 착안, 본인의 자산구조가 대부분 금융자산이거나 금융자산의 구성비율이 크고 그 금액이 10억 원을 초과한다면 금융자산보다는 부동산의 구성비율이 증가하는 방향으로 포트폴리오를 변경할 것을 권고한다.

특히 재건축이 기대되고 있는 아파트 단지 내의 상가가 시가와 상속세법의 재산 평가원칙에서 정하는 평가액과의 차이가 가장 크게 나온다.

포트폴리오를 금융자산에서 부동산으로 변경하기만 하면 설령 재산가액이 10억 원을 훨씬 초과한다고 해도 공시지가의 시가 반영비율이 서울시의 경우 70~80%에 불과하므로 부동산 가격대비 약 20~30% 정도로 상속재산을 감액할 수 있는 여지가 있는 셈이다.

감정평가를 이용한 상속재산 20% 다이어트

상속재산 평가원칙에 의하면 상속개시일 전후 6개월 이내에 감정한 가액이 있는 경우에는 그 금액을 시가로 보아 상속재산가액으로 볼 수 있다는 규정이 있다.

구체적으로 말하면 상속일 이전 6개월부터 상속일 이후 6개월까지(합산하면 1년 이내)의 기간 중 2개 이상의 감정평가법인으로부터 상속재산을 감정한 가액이 있을 경우 감정가액의 평균가액을 시가로 인정한다는 말이다.

다만 그 금액이 공시지가나 국세청 기준시가의 80% 이상에 해당되며 감정평가의 목적이 상속세를 감소시키려는 의도가 아니라 대출, 담보 제공, 보상가액 산정 등 다른 목적이었을 경우 감정가액을 인정하겠다는 규정이다.

이 규정을 상속전략 수립에 활용하면 큰 성과를 거둘 수 있다. 그러나 사전에 여러 가지 상황을 고려하여 주의 깊게 감정평가를 이용할 것을 권고한다.

감정 의뢰한 목적이 객관적으로 명백하지 않는 경우와 금융기관 대출용으로 감정을 받고도 실제로 대출을 받지 않거나, 거액의 부동산을 담보로 제공했지만 실제로 대출받은 금액이 담보가액에 비해 현저하게 작은 경우 다분히 상속세를 경감하기 위한 의도로 감정평가한 것으로 과세당국은 판단하기 때문이다(국심2001전1739, 2002.1.18, 국심2001중579, 2001.6.20-국세심판원외 다수).

6개월 내 부동산 처분하면 상속세가 달라진다

어른이 돌아가신 다음 6개월 이내에 부동산을 처분할 필요가 있다면 신중에 신중을 기해야 한다. 재산처분 여하에 따라 상속세가 늘어나거나 줄어들기도 하기 때문이다.

재산평가원칙에 의하면 상속일 후 6개월 이내에 부동산을 처분한 가액이 있을 때는 그 매매가액을 시가로 보아 상속재산을 평가하도록 되어 있다. 이러한 평가규정을 이용해 절세에도 활용할 수 있다.

예컨대 상속재산 중 부동산의 실제 시세가 공시지가에도 미치지 못하는 재산이 있다면, 이러한 부동산은 상속세 신고기한 이전에 매각해 그 처분금액을 기초로 상속재산을 신고함으로써 상속재산을 감액할 수가 있다.

반대로 부동산 가격이 공시지가보다 크다면 그 매도시기를 상속세 신고기한 이후로 연기해야 한다. 공시지가보다도 많은 금액을 받고 상속재산을 팔았을 경우에는 그 매각 금액으로 상속재산을 평가하는 관계로 상속세가 증가한다.

대출금과 근저당도 다이어트에 도움된다

D-DAY에 임박해 돈을 적당히 빌리는 것도 절세 방안의 하나이다. 예컨대 상속개시일 전 1년 이내에 2억 원, 2년 이내에 5억 원 미만의 금액은 금융기관 차입금이든, 개인에 대한 채무이든, 실제로 고인에게 귀속되는 채무라고 명백히 입증만 된다면 그 금액 이내에서는 얼마든지 돈을 빌려 써도 사후에 그 금액에 대한 사용처를 규명하지 않아도 된다.

상속재산인 부동산을 담보로 제공하고 대출을 받았을 경우에는 부동산에 설정된 근저당의 채권최고금액과 공시지가 중 큰 금액으로 상속재산을 평가한다(국심2001광1420, 2002.1.16-국세심판원,재산46014-54, 2001.2.26-국세청외 다수).

이때 금융기관에서 담보 부동산을 감정평가법인에 의뢰하여 감정한 가액이 감정서 등에 의해 확인되면 채권최고액, 공시지가, 감정가액 중 가장 큰 금액이 평가액이 된다(국심2001중1176, 2001.10.15-국세심판원 외 다수).

그러나 금융기관은 채권확보를 안정적으로 유지할 목적으로 일반적으로 감정가액을 시가로 인정되는 금액보다 낮게 평가하므로 상속재산을 감액시키는 데 긍정적으로 작용한다.

대출을 많이 받을 목적으로 담보가액을 높게 하여 감정을 의뢰하는 경우도 왕왕 볼 수 있는데 이러한 경우 만일 상속이 개시된다면 실제 부동산가액보다도 감정가액이 높을 수 있다.

이때는 상속세 부담이 증가하게 되므로 대출을 고려한 감정평가는 단순히 대출금을 활용하겠다는 생각에서 벗어나 상속문제와도 연결하여 담보물의 가액을 어느 정도 수준에서 감정의뢰할 것인지 신중하게 고려해 보아야 한다.

전·월세를 이용한 상속재산 줄이기

부동산을 전세나 월세로 임대할 경우에는 재산평가방법이 또 다르다. 1년간 임대료 수입을 일정한 이자율로 나누어 계산한 금액과 전세보증금을 합계한 금액을 공시지가 또는 기준시가로 평가한 금액 중 큰 금액으로 임대 부동산을 평가한다.

따라서 상속개시시점에 임박하여 임대를 할 때 임대 부동산의 평가특례규정을 확인하고 임대 부동산 가액을 평가해 본 다음 월세나 전세금액을 결정하는 것도 임대사업과 상속세 절세전략을 동시에 달성할 수 있는 기회가 된다. 자칫하면 임대료 수입으로 인한 이익 증가 부분보다도 상속세 증가 부분이 더욱 커질 가능성을 배제할 수 없기 때문이다.

저평가된 주식과 부동산은 미리 넘겨라

상속재산이 10억 원을 훨씬 초과하여 상속세 과세 대상권에 포함되는 사람들은 사전에 자신이 갖고 있는 자산 포트폴리오 중에서 저평가된 주식, 특히 비상장주식이나 부동산을 미리 증여하여 상속재산을 줄여 나가는 것이 사후의 상속세 부담을 절감할 수 있는 방안이다.

비록 10년 이내의 사전 증여는 사후의 상속재산에 포함하여 과세한다고 해도 사전증여 재산이 상속재산에 가산될 때 당시 시세가 낮아 아주 저가인 재산이 증여 후 상속시점에서 상당한 정도로 가격이 상승했다고 해도 추가적인 상속세 부담은 크지 않다. 증여 당시를 기준으로 평가하기 때문이다.

다시 말하면 증여시점과 상속시점 사이에 발생한 가격상승 분에 해당하는 상속세 증가분만큼은 사전증여를 이용하여 절세가 가능한 영역이다.

60대의 10~20억 재산가는 자식에게 증여 마라

만일 60대 중반이고 현재 소유하고 있는 재산 중에서 가까운 미래에도 가격상승이 기대되지 않는다면 구태여 자식들에게 서둘러 증여할 필요는 없다. 자식들에 대한 증여세 공제한도가 매우 낮아(성년자는 3,000만 원) 증여세 부담액이 크기 때문이다.

반면 재산규모 10억~20억 원 정도라면 상속재산 평가원칙에 의해 상속세 과세가액으로 결정되는 금액은 대략 10억 원 언저리일 것 같다. 배우자가 있는 한 재산평가금액 10억 원은 면세한도 이내이므로 사전증여는 절세전략 차원에서는 권고할 만한 사항은 아니다.

국세청은 우리 집 재산관리인

국세청은 우리 집 '집사'이다. 아버님의 기일도 알고 있고 아무도 모르게 모처에 땅을 매입해 놓으신 것도 찾아 주며 심지어 아버님이 보험회사에 가입한 보험까지도 알아채고 있으니 말이다.

그러면 어디까지가 법의 테두리 안에서 국세청이 확인할 수 있는 정보이고 법을 벗어난 부분은 없는지, 그 관련 법령과 정보수집의 범위를 알아 보자.

사망신고의 통지

상속세 및 증여세법 제80조에 의거, 호적법의 규정에 의해 사망신고를 받은 행정기관의 장은 다음 달 10일까지 그 사실을 관할 세무서장에게 통지해야 한다.

종합토지세의 과세자료 통보

상속세 및 증여세법 제80조에 의거, 지방자치단체의 장은 매년 10월 31일까지 종합토지세의 과세대상토지 및 납세의무자의 명세와 그 과세현황을 국세청장에게 통보해야 한다.

보험금·퇴직금 등 지급조서 제출

상속세 및 증여세법 제82조에 의거, 보험금이나 퇴직금을 지급하거나 주식이나 회원권, 신탁 등의 업무를 취급하는 사람은 매 분기별 발생한 자료를 분기종료 후 다음 달 말일까지 관할 세무서장에게 제출해야 한다.

금융재산 일괄조회

상속세 및 증여세법 제83조에 의거, 세무서장이 상속세 또는 증여세를 결정하기 위해 조사할 때는 직업, 연령, 재산상태, 소득신고상황 등으로 보아 금융재산에 관한 과세자료를 일괄 조회할 수 있다.

이때 조회대상은 상속세 또는 증여세의 탈루혐의가 있다고 인정되거나 재산규모가 일정한 금액 이상에 해당되어 개인별 재산관련 과세자료를 효율적으로 수집·관리할 필요가 있는 사람들이다.

개인별 재산과세자료의 수집 관리

상속세 및 증여세법 제85조에 의거, 재산규모와 소득수준 등을 감안하여 상속세 또는 증여세의 부과 징수업무를 효율적으로 수행하기 위해 부동산이나 금융재산 등의 개인별로 재산자료를 과세 징수목적에 맞게 전산조직으로 매년 관리한다.

이때는 ▲부동산과다보유자로서 종합토지세 및 재산세를 일정금액 이상 납부할 자 및 그 배우자 ▲부동산임대사업에 관한 소득세나 종합소득세(임대사업에 대한 소득세 제외)를 일정금액 이상 납부한 자 및 그 배우자 ▲상속·증여세의 부과업무를 수행하기 위해 필요하다고 인정되는 자 등이 관리대상이다.

생면부지의 고모님 영전에 바친 아르헨티나 발 신고서

2~3년 전 어느 무더운 여름날이었던 것으로 기억된다. 중년의 신사분과 부인이 땀을 뻘뻘 흘리시며 내 방을 노크했다. 들어오자마자 가방에서 한 보따리나 되는 서류 뭉치를 꺼내 보이면서 상담을 요청했다.

그분들은 1주일 이내에 상속문제를 끝내고 상파울로로 출발해야 한다고 비행기표를 보이시며 무척 서둘렀다.

사연인즉, 그분들의 고모님이 그 전해에 돌아가셨는데 상속인들의 소재가 파악되지 않아 아직 상속재산 정리와 상속세 신고를 못했다는 것이다. 고모님은 혼자 사시다가 돌아가셔서 고모님의 부모님과 형제자매에게 상속권이 있었다.

그러나 그분들 역시 이미 오래 전에 고인이 되어 그 후손이 상속권을 승계받게 된 셈이다. 내 방에 오신 손님들은 이미 25년 전에 한국을 떠나 아르헨티나로 이민을 결행한 초창기 남미 이민 1세대였다.

그분들은 부부가 아니고 남매였다. 상속인들이 이역만리 타국으로 수십 년 전에 떠나 버려 연락도 할 수 없어 상속신고가 지연된 것이었다. 더군다나 그 손님들은 고모님을 생전에 뵌 기억이 전혀 없는 조카들이었다.

하여튼 상속세 신고를 하기는 해야겠는데 상속세 신고에 따른 애로사항이 놓여 있었다. 상속재산은 대부분 다세대주택으로 세입자의 인적사항과 정확한 전세보증금이 적힌 전세계약서 등이 불충분하여 확인하기가 용이하지 않다는 것이었다.

고모님의 유품에는 맨 처음 다세대주택을 신축했거나 취득했을 당시의 세입자와 그 당시 작성한 임대차 계약서가 있었지만 그 다음 세입자, 즉 상속개시일 현재 거주하고 있는 세입자에 대한 계약서가 없었다.

계약서에는 세입자의 이름만이 기재되어 있고 정확한 주소와 주민등록번호, 전화번호 등 인적사항이 정확하지 않아 임차인과 임차보증금 상당액을 상속채무로 공제하기가 아주 부담스러운 상황이었다.

계약서에 기록되어 있는 이름만 가지고 다세대주택 소재지의 동사무소와 통장을 수소문하여 2~3일 후 세입자 중 한 분을 만날 수 있었다.

다행스럽게도 그가 그때까지 보관하고 있던 전세보증금의 영수증을 얻어 사본을 했고, 그의 도움으로 그 당시 함께 살았던 몇몇 세입자를 한 사람씩 탐문하여 상속개시 당시의 세입자 현황과 보증금을 대부분 확인할 수 있었다.

상속개시 당시 다세대주택에 거주한 임차인들의 임차보증금 내역을 기재한 채무명세서를 보완하여 상속세 신고를 가까스로 했다.

부도로 남편 잃고 남은 것은 어린 자식과 상속세 3억

상속세에 얽힌 가정 비화 한 토막을 소개하고자 한다. 이 내용은 1999년 부산 동래세무서의 납세담당관실에서 어려운 납세자의 고충을 듣고 해결하여 준 아름다운 이야기이다.

건설회사를 경영하던 남편은 사업상 어려움이 가중되어 끝내 부도가 발생하자, 그로 인한 충격과 허탈로 부도 발생 얼마 후 그만 유명을 달리

했다.

그가 가고 남은 것은 어린 자식 여섯. 딸 다섯 끝에 겨우 아들 하나를 얻었는데 길이 막막한 이 여인에게 어느 날 행정우편 한 통이 날아 왔다. 상속세 3억 원을 내라는 고지서였다. 어디서부터 해야 할지 전혀 알 수가 없는 거액이었다.

상속세는 남편이 생전에 건설회사를 경영하면서 발생한 법인관련 세금 중 대표이사에게 귀속되던 것을 그가 고인이 되자 그의 상속인들에게 연대납세의무를 부과 고지한 것이었다.

그러나 상속인들에게는 이렇다 할 재산이 없어 결국 무재산으로 인해 3억 원의 상속세는 결손처분했다. 결손처분이란 과세관청에서 납세자가 세금을 납부할 재산, 재력, 직업 등이 없어 세금 징수를 포기하는 절차를 말한다.

그러나 한 가지가 문제였다. 시아버지가 돌아가신 후에 시아버지로부터 상속받은 문중 선산 중 남편 지분이 밀린 세금 때문에 압류된 상태였다. 집안에서는 말이 참 많았다. 못난 며느리, 재수 없는 며느리라고. 남편 죽이고, 문중 땅까지 세무서에 빼앗겼다고.

관할 세무서의 납세담당관을 찾아가 진정을 했다. 남편 명의의 문중 선산은 첫째, 그 지분이 매우 작아 처분가치도 미미할 것으로 판단되고 둘째, 문제의 토지가 문중의 선산으로 타인에게 매각하려 해도 남의 문중 선산 임야를 실제로 구입하려고 할 사람도 없으며, 우리의 정서에도 부합하지 않는다고 진정하여 선산 인근의 이장과 마을주민 등의 확인서 등을 첨부, 압류에서 해제했다.

제1절 증여세의 기본구조

증여도 계약이다

증여

증여는 당사자의 일방이 자기의 재산을 무상으로 상대방에게 수여한다는 의사를 표시하고 상대방이 이를 승낙함으로써 성립(민법 554조)하는 민법상의 계약이다. 이때 재산을 상대방에게 주는 사람을 증여자, 재산을 받는 사람을 수증자라고 한다.

증여는 계약이라는 법률행위에 속한다. 때문에 당사자의 청약과 승낙이라는 의사표시에 그에 대한 합의가 반드시 있어야 한다. 이러한 의사표시의 합의는 서면이든 구두든 형식에 아무런 제한을 받지 않는다.

생전에 증여계약을 맺었으나 그 효력은 증여자 사망으로 생기는(민법 562조) 정지조건부 계약이다. 사인증여가 일반증여와 다른 점은 수증자는 증여세가 아니라 상속세를 물어야 한다는 사실 때문이다.

부담부 증여

수증자가 증여를 받음과 동시에 일정한 부담(예를 들면 채무)을 질 것을 조건으로 하는 증여계약이다. 상가건물을 증여하면서 상가 임차인에게 지급해야 할 임대보증금의 변제의무도 함께 증여하는 것이 그 좋은 실례이다.

증여세 세율과 신고기한

3개월 내 신고는 필수

증여로 재산을 취득한 사람은 증여 개시일로부터 3개월 이내에 수증자의 주소지를 관할하는 세무서에 증여세를 신고해야 한다.

과 세 표 준	세 율	누진 공제
1억 원 이하	10%	없음
5억 원 이하	20%	1,000만 원
10억 원 이하	30%	6,000만 원
30억 원 이하	40%	1억 6,000만 원
30억 원 초과	50%	4억 6,000만 원

증여의제와 증여추정을 무서워하라

증여세법에서 말하는 증여재산은 법과 현실이 너무 다르다. 아래에서 세법이 증여재산이라고 명시한 것 중 우리가 일반적으로 이해하고 있는 것과 너무나 다른 부분을 알아보자.

증여의제

증여의제란 문자 그대로 외형상 증여의 형태는 아니지만, 그 거래의 실질적인 내용을 분석하여 볼 때 당사자 간에 경제적인 재산이나 권리가 무상으로 이전됨으로써 사실상 수증자가 당해 행위나 거래로 상당한 정도의 경제적 이익을 받은 것으로 인정되므로 증여로 보는 것을 말한다.

증여세법에서 증여의제로 열거하고 있는 거래의 유형은 ▲신탁이익이나 보험금을 받을 권리 ▲특수관계자 간의 고가 · 저가 양도 ▲채무면제, 무상 또는 저리의 금전대부 ▲토지무상사용권리와 명의신탁자산 ▲상장을 기대하고 사전에 증여한 비상장주식의 증여 ▲특정법인 간의 거래를 통한 이익 등이 있다.

증여추정

증여추정 규정 또한 거래 당사자 간에 일종의 경제적 이익을 얻었거나 실제적으로 증여가 있었을 것으로 추정하는 것으로 증여의제 규정과 더불어 증여여부에 대해 과세당국과 당사자 간에 세무상의 논란이 끊임없이 이루어지고 있는 사항이다.

증여세법에서 열거하고 있는 증여추정 규정에는 배우자 및 직계존비속 간의 부동산 매매와 자산취득자금의 증여추정 등 두 가지가 있다.

우선 배우자 및 직계존비속 간의 부동산 매매가 여기에 해당된다. 배우자 또는 직계존비속에게 부동산을 양도한 경우 양도를 부인하고 양도시점에서 당해 재산을 증여한 것으로 추정한다.

특수관계에 있는 사람을 통해 부동산을 우회적인 방법으로 양도한 경우에도 역시 증여로 추정한다. 그러나 관련 매매 당사자 간에 매매대금을 수수했음이 명백히 확인되고 그 자금출처도 입증이 가능하다면 증여로 보지 않는다.

직업·연령·소득 및 재산상태 등으로 보아 재산을 자력으로 취득했다고 인정하기 어려운 경우에는 재산 취득자금을 다른 사람에게서 증여받은 것으로 추정하는 것이 재산취득자금의 증여추정이다.

제2절 증여세 구조를 이용한 증여전략

증여세는 10년을 합산한다

증여세의 공제한도를 바로 알아야 한다. 가령 자식들에게 증여할 때의 공제한도가 3,000만 원이라는 의미는 1회 증여에 적용하는 공제금액이 아니고 지난 10년 간 이루어진 증여금액을 모두 합산해 증여재산가액을 산출한 다음 합산한 금액에서 3,000만 원을 공제한다는 의미이다.

세금을 깊게 생각하지 않는 일반인들이 자주 착각을 하게 되는 것 같아 다시금 강조한다. 증여세율 자체가 증여금액에 따른 누진적인 과세체계를 지니고 있어 증여금액이 높을수록 고율로 과세된다.

이 같은 누진세제 하에서 고액의 증여세 부담을 회피하고자 수차례에 걸쳐 분산증여의 방법으로 세금을 감소시키려는 시도를 차단하는 것이 과세당국의 취지이다.

10년간의 증여재산 합산에 관한 규정은 1998년 12월 28일 관련 법률의 개정으로 1999년 1월 1일 이후 증여한 것부터 적용되고 있다. 1998년 12월 31일 이전 증여분에 대해서는 경과규정을 부칙에 두어 종전 합산규정에 따라 과거 5년간의 증여재산에 관해서만 합산하기로 했다.

아버지가 장남한테 1999년 2,000만 원, 어머니가 2002년 1,000만 원, 그리고 2004년에 아버지가 2,000만 원을 증여했을 경우 2004년의 증여세 과세표준은 얼마인가?

해설1. 현 증여시점에서부터 과거 10년 간을 합산한다. 이 때 증여자가 직계존속으로서 부부인 경우에는 증여자가 한 사람인 것으로 보고 증여가액을 합계해야 한다.

해설2. 과세표준 계산 = 현재 증여재산+지난 10년 간 증여재산−공제한도로 산출된다. 따라서 2,000만 원+(2,000만 원+1,000만 원)−3,000만 원 = 2,000만 원이 된다.

해설3. 과세표준 2,000만 원에 대해 증여세 세율 10%를 적용, 증여일로부터 3개월 이내에 자신신고를 한다. 자진신고를 할 때는 자진신고세액공제 10%를 뺀 금액을 자진 납부하면 된다.

손자에게 증여하면 증여세가 더 많다

할아버지가 손자에게 재산을 증여하면 심야택시의 미터기처럼 증여세가 할증된다. 자그마치 할증료 30%를 물리기 때문이다. 이러한 할증과세는 수증자가 거주자일 때는 물론이고 비거주자에게도 동일하게 적용한다.

사례연구

서울 연희동 할아버지가 상도동에 살고 있는 손자에게 3,500만 원을 현금증여했다. 손자는 17세로 고교 2학년생이다. 학생의 아버지는 그가 다니고 있는 학교의 교감이다. 손자가 내야 할 증여세는?

해설 1. 산출세액 = (증여재산－공제한도)×10%

= (3,500만 원－1,500만 원)×10%

= 2,000만 원×10% = 200만원

할증세액은 200만 원×30% = 60만 원으로, 합계 260만 원이 된다. 그 금액 중 자진신고 세액공제 10%인 26만원을 빼면 234만 원을 신고·납부하면 된다.

해설 2. 만일 증여재산이 현금이 아니고 부동산이었다면 고교 2학년생이 무슨 돈이 있어서 증여세를 내겠는가. 하여 수증자가 담세력이 없는 것으로 인정되므로 할아버지가 연대하여 손자의 증여세를 납부할 의무를 지게 된다.

과세당국에서는 한 세대가 생략됨으로써 받을 수 있는 상속세나 증여세가 조기에 상실됐다는 차원에서 세대를 건너뛴 증여에 대해 할증료를 부과하고 있는 것이다.

그러나 아버지가 이미 고인이어서 할아버지 입장에서 생존하는 직계비속이 손자뿐일 경우 조세채권의 유실에 관한 문제가 제기되지 않는다. 따라서 할증료는 부과되지 않고 있다. 세금에 대한 할증료는 물리지만 증여재산 공제한도는 동일하다.

며느리나 사위는 공제한도가 매우 작다

"며느리도 내 자식인데, 사위도 우리 아들인데." 결혼 후 서로 화합하며 재미있게 살자고 시부모나 장모가 하시는 말씀이다. 그러나 우리의 세법은 그것을 단연코 거부한다.

아들한테, 시집 간 딸한테 아버지나 어머니가 증여하면 당당히 직계존비속 간의 증여로 간주, 3,000만 원씩을 당당히 공제받을 수 있어도, 며느리나 사위에게는 거부권을 행사한다. 때문에 기타 친족으로서 500만 원밖에 공제를 받지 못한다. 사위가 든든하고 믿음직스러워도 절세 차원에서는 딸에게 증여하는 것이 유리하다.

20년간 홀로 지내신 장모가 무남독녀를 시집 보내고 딸네 집에 사위랑 함께 살고 있었다. 가진 돈 중 3,000만 원을 사업자금으로 쓰라고 사위에게 줬는데 사위가 증여세를 얼마나 내야 할까.

해설 1. 사위와 장모의 관계는 직계존비속이 아니므로 기타 친족에 해당된다. 따라서 공제한도는 500만 원에 불과하다.

해설 2. 산출세액 = (3,000만 원 − 500만 원) × 10% = 250만 원

해설 3. 자진 납부할 세금 = 산출세액 − 10%신고세액공제 = 225만 원

현금보단 부동산을 증여하라

현금이나 부동산을 증여한다고 가정하면 현금보다는 부동산이 세금을 줄일 수 있는 여지가 많다. 재산평가원칙에 따라 증여재산가액의 산정기준이 각각 다르기 때문이다.

현금·예금·상장주식 등은 그 가격이 명백하고도 객관적으로 표출되어 있는 관계로 현금예금을 증여한 경우 그 증여금액을 과세가액으로 적용한다.

반면 부동산의 경우 시장에 부동산을 매각해 거래된 가액이 아니고는 시가를 객관적이고도 검증 가능한 방법으로 확인하기 곤란하다.

이 같은 이유로 세법은 여러 가지의 대체적인 증여재산평가 방법에 의해서만 평가하도록 규정하고 있다. 따라서 재산평가원칙을 활용하여 절세가 가능한 부동산을 증여하는 것이 효과적인 세테크라고 할 수 있다.

면세한도인 현금증여, 신고하면 훗날 보약된다

대다수 사람들은 면세한도 이내의 현금증여는 세금이 없다는 이유만으로 증여세 신고를 하지 않는다. 그러나 세련된 절세가라면 현금증여를 하고 그 사실을 세무서에 신고하고 그 신고서를 보관해 둔다.

사후에 이미 증여한 금액을 종자 돈으로 삼아 주식투자나 보험료 불입, 주택청약예금 또는 부금 가입 등의 재원으로 활용할 수 있는 등 그 용도가 아주 다양하기 때문이다.

장애자는 5억4천만 원까지 증여세 없다

집안에 정신적으로나 육체적으로 장애가 있어 본인은 물론이고 함께하는 가족의 근심과 한스러움이 되는 장애자가 있는 경우 활용할 수 있는 제도가 있다. 장애인을 수익자로 하는 보험상품과 신탁상품이 바로 그것이다.

장애인을 수익자로 하는 보험상품의 경우 연간 4,000만 원을 한도로 비과세 혜택을 부여한다. 장애인이 자신의 직계존비속이나 친족으로부터 재산을 증여받은 경우 그 금액이 5억 원 이하(장애자가 일생동안 증여받은 금액 합계를 말하며 배우자의 증여는 제외된다)라면 증여세는 내지 않아도 된다.

다만 증여받은 금액 전부를 장애인을 수익자로 하는 신탁상품에 가입해야 하며, 신탁기간은 장애인의 사망 시까지로 해야 한다는 단서조항이 있다. 신탁기간이 그 이전에 만료되는 경우에는 그 기간을 생존 시까지로 연장해야 한다.

여기에서 장애자는 장애자 증명서나 병원 등에서 장애자임을 확인해 주는 서류가 있어야 한다. 일반적으로 근로소득세 연말정산 시에 장애자 공제를 받는 사람으로 이해하면 된다.

임대부동산을 증여하라

영구는 서울 상도동에 거주하고 있는 아버지로부터 흑석동의 중대 입구 가로변에 있는 4층짜리 상가건물을 2004년 2월 25일 증여받았다. 증여 당시 상가에는 임차인 5명이 있었으며 그들에 대한 임대보증금이 2억 5,000만 원이 있어 영구가 관련 임대보증금을 전액 인수한다고 하는 내용으로 증여계약서에 별도 기재했다. 참고로 위 부동산의 시가를 확인한 결과 인근 공인중개사무소에서는 5억 원 정도는 나간다고 말했다. 공시지가와 건축물 관리대장, 토지대장을 발급받아 2004년 2월 25일 현재 기준시가를 산출한 바 4억 1,000만 원이었다.

연구과제. 위 부동산을 증여함에 따른 증여세 과세표준은 얼마?

해설. 과세표준 = 과세가액 − 인수한 채무금액이 된다. 과세가액은 공시지가로 계산하며 인수한 채무액은 임대보증금이다. 따라서 4억 1,000만 원 − 2억 5,000만 원 = 1억 6,000만 원이 된다.

증여재산을 선택할 경우 현재 임대 중으로 공시지가나 국세청 기준시가에 비해 임대보증금이 차지하는 비중이 큰 부동산을 증여하면, 증여세 부담이 현저하게 줄어든다.

증여하는 재산에 담보되어 있는 채무도 함께 증여할 경우 증여재산가액에서 관련 채무도 공제되어 채무나 보증금 등을 뺀 순 잔액을 기준으로 증여세가 과세되기 때문이다.

제3절 증여추정을 피하라

보험계약 신중해라, 증여세 나온다

생명보험 또는 손해보험에 있어서 보험료를 납입하는 사람(불입자)과 보험금을 받는 사람(수익자)이 다른 경우 보험사고가 발생, 수익자가 보험금을 수령하게 되면 보험료를 납입한 사람이 보험금 상당액을 수익자에게 증여한 것으로 본다. 이때는 보험금을 받은 사람이 증여세를 납입해야 한다.

보험사고란 보험계약 기간 중 보험금 지급사유가 되는 사고는 물론이고 만기에 지급하는 보험금도 포함하는 개념으로 해석한다.

만일 이때 보험료 중의 일부를 보험금을 받는 사람이 납입했다면 받은 보험금 중에서 실제 납입한 보험료의 귀속 비율에 따라 증여부분을 구분해 계산한다. 보험을 계약할 때 이러한 증여세법의 규정을 반드시 기억하고 보험계약을 신중히 해야 한다.

은행권에서 취급하는 신탁상품 중 타익신탁에 대해서도 증여세 추징이 가능하므로 각별한 유의가 필요하다. 참고로 조선일보에 게재된 타익신탁 관련 증여세 추징 기사를 보자.

타익신탁증여세 늑장 추징 파문

국세청이 금융기관의 타익신탁(他益信託) 상품에 1억 원 이상 가입했던 고객 3000여 명에 대해 뒤늦게 증여세 추징에 나섰다.

국세청은 2002년 6월 17일 지난 97년부터 2000년 말까지 금융기관의 타익신탁 상품에 가입한 후 증여세를 내지 않은 고객 3,000여 명에 대해 오는 2002년 6월 20일까지 증여세를 신고·납부하라는 내용의 통지서를 발송했다고 밝혔다.

타익신탁은 이자 또는 원금을 가입자 본인이 아닌 자녀 등 제3자가 지급받는 신탁상품이다. 각 금융기관들이 금융소득종합과세를 앞두고 세금 부담이 커질 것을 걱정하던 고액재산가들을 대상으로 절세용 상품으로 타익신탁을 판매한 점을 감안하면 이번 증여세 추징은 큰 파문을 몰고 올 전망이다.

특히 국세청의 이번 조치로 타익신탁에서 발생한 이자가 3,000만 원이 넘는 신탁 가입자들은 증여세는 물론 신고 지연에 따른 가산세(30%)까지 물게 돼 해당 고객들이 금융기관에 항의하고 있다.

국세청 관계자는 타익신탁 상품은 첫 회분 이자를 지급받을 때 앞으로 받을 이자까지 포함해서 3개월 내에 증여세를 신고하도록 되어 있다며 은행들이 이 같은 사실을 제대로 알리지 않아 증여세를 내지 않은 고객이 많다고 말했다.

아버지 땅에 건물 짓지 마라, 증여세 나온다

아버지나 삼촌 등 특수관계가 있는 사람이 소유하고 있는 토지 위에 건물을 신축 또는 증축해 건물을 사용하고, 토지에 대한 정상적인 임대료를 지급하지 않았을 때는 토지 무상사용에 따른 권리를 증여받은 것으로 보아 증여세를 부과한다.

다만, 토지 소유자와 함께 거주할 목적으로 주택을 신축하는 경우에는 증여세를 부과하지 않는다.

토지 무상사용 권리에 대한 증여규정은 특수관계자가 소유하고 있는 건물을 토지 부분은 제외하고 가격이 저렴한 건물부분만 매입하거나 증여받은 경우에도 동일하게 적용해 증여세를 과세한다.

증여의제 금액 = 토지가액 × 연 2% × 5년

장인의 상가건물, 싸게 사도 증여세 나온다

직계존비속이나 친족 등 특수관계자로부터 재산을 현저하게 고가 또는 저가로 매매한 경우그 거래금액이 시가의 30%를 초과하면 그 초과금액에 대해서는 증여로 보아 증여세를 부과한다. 이때 증여로 보는 금액은 〈표〉와 같이 계산한다.

증여의제금액＝(시가－거래금액)－(시가의 30%와 1억 원 중 적은 금액)

사례연구

광수는 장인으로부터 홍대 입구에 있는 3층 상가를 아주 싸게 구입했다. 상가의 시가는 6억 원이나 3억 6,000만 원에 인수했다. 요즈음 광수는 나날이 부자가 된 것 같고 직장에서의 스트레스도 전혀 없어졌다. 그런데 광수와 장인의 거래가 증여세에 해당된다는 것은 한참 후인 7개월이 지나서야 알았다.

연구과제 1. 세무서가 광수에게 증여세를 부과하게 된 근거는?

해설. 과세당국은 장인과 사위 간의 부동산 매매거래가 특수관계자 간의 거래로 일반적인 제3자의 거래와 비교하여 거래 금액이 현저하게 저가라고 판단, 상속세 및 증여세법에서 규정하고 있는 특수관계자 간의 고가·저가 양도시의 증여의제 규정을 적용했다.

부모형제에게 1억 이상, 무이자로 빌려주지 마라

특수관계자에게 1년에 걸쳐 1억 원 이상의 금전을 무상 또는 적정 이자율보다 낮은 이자율로 빌렸을 때는 그 자금을 빌린 날 적정 이자율 상당액을 증여받은 것으로 보아 증여세를 과세한다.

적정 이자율이란 법인세법시행령 89조 3항에서 정한 당좌대월 이자율을 말한다. 당좌대월 이자율은 매년 국세청이 그 해의 금리상황을 보고 결정·고시한다.

2002년 1월 1일 이후부터 적용되는 이자율은 연 9%(지난 2001년은 11%)이다.

증여의제 금액

1) 무이자로 빌린 경우 : 차용금액 × 적정 이자율

2) 낮은 이자율로 빌린 경우 :

(차용금액 × 적정 이자율) – 실제 지급한 이자

영식이는 아이들 교육문제로 상계동에서 개포동으로 이사했다. 이사 문제로 자금이 제법 부족해 지난해 여러 차례 큰 형님으로부터 돈을 빌렸다. 물론 이자는 없는 것이다. 형제 간의 자금융통은 증여세에 해당될까. 한번 생각해 보자. 증여세에 해당된다면 증여로 보는 금액은 얼마인가?

〈자금차입 시기와 금액〉

1차 : 2003년 7월 1일	5,000만 원
2차 : 2003년 8월 1일	3,000만 원
3차 : 2004년 3월 3일	4,000만 원

해설 1. 무상이나 적정 이자율보다도 낮은 이자율로 특수관계자 간에 자금을 빌릴 때, 그 금액이 최종 대출일에서 소급하여 1년 이내의 기간에 1억 원 이상을 대출받은 경우에는 증여세에 해당한다.

해설 2. 자금을 빌린 각각의 시점에 빌린 금액은 모두 1억 원 미만이지만 이처럼 소액으로 분할하여 대부했을 때는 1년간 빌린 금액을 모두 합산한 누적개념으로 증여세 과세여부를 판단한다. 따라서 3차 대부시점에서는 대부받은 금액의 합계가 1억 2,000만 원으로 1억 원 이상에 해당, 증여세의 과세대상이다.

해설 3. 증여의제 금액은 (대부금액×적정 이자율)이다. 그런데 적정 이자율이 2002년부터 변경됐으므로 이자율을 각각 구분해 2001년 증여분은 연 11%, 2003, 2004년도 분은 연 9%를 적용 계산한다.

명의신탁 재산의 증여의제

가까운 친지나 친구가 법인을 설립한다고 하며 인감증명과 주민등본을 떼어 달라고 할 때 한 가지 주의할 부분이 있다.

이러한 서류를 근거로 하여 본인도 모르는 사이에 그 회사의 주주로 둔갑할 수가 있다. 주주로서 단순히 주주명부에 기록될 뿐 주식의 실제 소유자는 물론 아닐 것이다. 이때에도 증여세 문제가 제기된다.

증여세법 규정을 살펴보면, 권리의 이전이나 그 행사에 등기·등록 등을 요하는 재산(토지와 건물은 제외한다)에 있어서 실질소유자와 명의자가 다른 경우에는 그 명의자로 등기 등을 한 날을 기준으로 그 재산가액을 명의자가 실질소유자로부터 증여받은 것으로 본다.

다만, 명의신탁 행위가 조세회피 목적이 없다고 인정될 경우에는 증여로 보지 않는다. 위의 건에 관련된 증여세 과세사례를 소개한다(국심 2001중1422, 2001.9.27).

사건의 발단

친구의 부탁으로 법인설립에 필요하다고 하여 주민등록등본과 인감증명을 발급해 건네 주었다. 친구(대표이사)는 이 서류를 근거로 본인을 자기 회사의 이사로 등재하고 동시에 주주명부에 2만 주(납입금액 2억 원)를 출자한 주주로 기재했다. 설립 후 회사가 세무서로부터 조사를 받는 과정에서 본인 명의의 주식은 대표이사가 명의신탁한 주식이라고 보아 본인에게 증여세 3,900만 원을 고지했다.

본인의 주장

본인이 그 회사의 이사로 등재된 사실과 출자한 주식금액 등에 대해 전혀 알지도 못했고 실제로 주금납입도 하지 않았다. 또한 이사로서 이사회에 참석한다거나 회사경영에 참여한 적도 전혀 없다.

주주로서 회사에 경영권을 행사한 적도 없으며 회사이익에 대한 배당금을 청구하거나 수령한 사실도 전혀 없다. 본인은 명의를 도용 당해 본인 의사와 전혀 무관하게 회사의 주주로 등재되어 있을 뿐이므로 증여세 과세는 부당하다.

국세심판원의 판단

본인이 명의를 도용 당한 것일 뿐이며 명의를 빌려주어 주식을 본인 이름으로 취득한 것은 아니라고 주장하나, 그러한 사실에 대해 명의도용에 대한 고소나 고발 등을 전혀 하지 않았고 다른 방식으로도 명의도용에 대한 이의제기가 없었다.

본인의 명의가 불법적으로 도용됐다는 사실을 객관적으로 입증할 만한 증거를 제시하지 않았고, 명의가 도용됐다고 믿을 만한 자료나 근거를 찾을 수 없었다. 그러므로 본인의 증여세 취소청구는 기각한다(국심 2001서1366, 2001.10.12도 같은 취지).

부동산 증여할 땐 세금도 증여하라

부동산을 미성년자인 자녀에게나 성년자라도 학생이나 군입대 중인 사병 등 현실적으로 경제활동을 전혀 하지 않는 사람에게 증여할 때는 반드시 챙겨야 할 사항이 있다. 부동산을 증여하고 부동산가액에 대한 증여세를 산출해 증여세를 신고하면 끝나는 것이 결코 아니다.

부동산을 수증자 명의로 이전등기할 때 발생하는 등록세와 취득세 등 등기비용과 증여세를 납부할 현금도 함께 증여해야 한다는 사실이다. 그러므로 증여재산가액은 부동산가액에 등기비용과 증여세를 합계한 금액이 된다.

이렇게 부대비용까지 합산하여 증여를 받은 것으로 신고해야 완벽한 증여세 세무처리이다. 만일 이러한 부대비용을 증여세 신고시 가산하지 않으면 또 한 번의 증여세 고지서가 날아오게 된다.

막내 딸 귀엽다, 빚 갚아 주지 마라

시집 가서 고생하며 어렵게 살아가고 있는 막내딸을 보는 친정엄마의 마음이 참 오죽이나 아플까. 그 동안 품에서 애지중지하며 세상 어려움 아무것도 모르고 살아왔는데.

막내딸이 "은행에서 빌린 돈을 갚기는커녕, 이자를 내기도 빠듯하다."는 말에 그만 대출금을 모두 갚아 주었다. 동방예의지국에서 아름다운 가정 이야기 아닌가. 하지만 국세청에서 증여세를 내란다.

채권자로부터 채무를 면제받거나 제3자가 자신의 채무를 인수하거나 대신 변제한 경우에는 그 면제·인수 또는 변제로 인한 금액을 증여받은 것으로 보고 세금을 내야 한다.

아내나 자식에게 부동산 팔아도 증여세

배우자나 자식들에게 부동산을 명의이전하지 마라. 실제로는 증여이면서 사실과 다르게 매매계약서를 작성하여 매매를 원인으로 소유권이전등기를 한다고 해도 등기형식에 관계없이 실질 내용을 판단, 과세를 하는 것이 과세당국의 입장이다.

증여세법 또한 그러하다. 부모자식 간이나 배우자 간의 부동산 거래에는 증여를 위장할 개연성과 실제로 거래가 이루어졌다고 해도 특수관계가 전혀 없는 제3자와 거래할 때 형성될 수 있는 공정한 거래가격과는 현저히 다르게 매매가격이 결정될 가능성이 아주 크다.

때문에 세법은 배우자 또는 직계존비속에게 부동산을 양도한 경우 양도를 부인하고 양도시점에서 당해 재산을 증여한 것으로 추정한다.

또한 특수관계 있는 사람에게 양도한 재산을 그 특수관계자가 당해 재산을 양수한 날로부터 3년 이내에 당초 양도자의 배우자 또는 직계존비속에게 다시 양도한 경우에도 당초 양도자가 그의 배우자 등에게 직접 증여한 것으로 추정한다.

그러나 서로 소유하고 있는 재산을 교환했거나 본인의 소득금액이나 재산 처분대금으로 해당 부동산의 매수대금을 지급했음이 명백히 확인될 때는 증여로 보지 않는다.

재산을 6개월 후에 돌려주면 증여세 두 번 낸다

쌍방이 증여하기로 약속하고 실제로 대상 재산을 수증자에게 이전하여 증여계약이 완전히 유효하게 완료됐다.

그러나 그후 수증자가 증여자에게 배은 망덕한 행위를 하거나 또는 세무상이나 다른 경제적인 이유로 증여 자체가 경제적인 이익보다는 불이익이 큰 것으로 생각된다면 증여를 취소 또는 반환해야겠다고 생각하게 된다. 이때 당초 증여받은 재산을 돌려주기로 마음 먹었다면 재빠르게 행동해야 한다.

당초 증여일로부터 증여세 신고기한인 3개월 이내에 반환하면 처음부터 증여가 없었던 것으로 보기 때문에 증여세 신고나 납부의무가 없다. 하지만 3개월이 경과하면 당초 증여에 대해서는 증여세를 신고 납부해야 하는 납세의무가 발생한다.

더군다나 6개월이 경과한 후 재산을 반환하면 당초 수증자가 증여받은 사실에 대한 증여세를 부담하고, 그후 수증자가 재산을 반환할 때 그 재산을 돌려주는 반환행위도 또 다른 증여로 간주, 반환받는 사람이 증여세를 납부해야 한다.

그러므로 증여 후 반환의사 결정을 했다면 신속하게 3개월 이내에 반환하여 증여세로 공돈을 날리는 경우를 당하지 말아야 한다.

반환의 방식에 대해서는 이미 증여를 원인으로 등기이전이 완료된 부동산은 당초 증여계약의 취소를 원인으로 하여 소유권을 환원하면 된다.

　현금예금 등 동산은 반환하고 그 반환사실의 입증을 명백하게 하기 위해 은행계좌 입금증이라든가 아니면 영수증 등과 같은 객관적인 증거자료를 구비하면 더욱 좋을 것이다.

제4장 | 자금출처 조사

증여추정 혐의자에 대한 조사

자금출처 조사는 본인의 직업·연령·소득 및 재산상태 등으로 보아 재산을 자력으로 취득했다고 인정하기 어려운 경우 당해 재산을 취득하기 위한 자금을 증여받았다고 추정하고 이러한 혐의가 있는 당사자에게 직접 그 혐의 내용에 대한 소명기회를 부여하는 과정이다.

이때 본인이 적극적이고도 객관적인 입증자료를 제시하여 증여추정 혐의를 벗어나지 않는 한 세무당국은 주위 사람들로부터 재산취득에 필요한 자금을 증여받은 것으로 보고 증여세를 과세한다.

자금출처 조사는 재산을 취득했을 때만이 아니라 채무를 상환한 경우라도 자기 돈으로 갚았다고 인정하기가 어렵다고 판단되면 부채 상환자금에 대해서도 증여혐의가 있다고 보고 조사를 하게 된다.

자금출처 조사 면제기준

국세청 전산실은 일정한 금액 이상의 부동산·주식·신규 개업자금에 대해서는 정기적으로 자료를 관리해 그 결과를 기초로 증여추정 혐의자에 대한 자금출처 조사 대상자의 선정기준으로 활용한다.

이때 30세 미만자의 재산취득금액 자료는 별도로 출력·관리하므로 재산취득 이전에 자금출처 관련된 세심한 대책이 요구된다.

연령이 일정한 수준 이상으로 직업이나 재산 상태 등으로 보아 자금출처 조사로 인한 과세의 실익이 없는 사람의 경우에는 자금출처 조사가 면제된다.

국세청은 자금출처 조사가 면제되는 사람의 재산 취득자료에 대해서는 출력대상에서 제외한다. 참고로 재산취득자금에 대해 자금출처 조사가 면제되는 증여추정 배제기준을 아래에 제시한다(1999.1.1 이후 시행, 국세청훈령).

다만 국세청이 제시한 금액 이하라도 재산 취득자금 또는 부채의 상환자금이 타인으로부터 증여받은 사실이 객관적으로 확인될 경우에는 증여세 과세대상이 된다. 그러나 이 경우에는 증여사실을 과세관청이 입증해야만 과세가 가능하다.

증여추정 배제기준

(1999년 1월 1일 이후 취득 또는 채무 상환하는 분부터 적용)

구　　　분	취득재산		채무상환	총액한도
	주 택	기타재산		
1. 세대주인 경우				
가. 30세 이상인 자	2억 원	5천만 원	5천만 원	2억 5천만 원
나. 40세 이상인 자	4억 원	1억 원		5억 원
2. 세대주가 아닌 경우				
가. 30세 이상인 자	1억 원	5천만 원	5천만 원	1억 5천만 원
나. 40세 이상인 자	2억 원	1억 원		3억 원
3. 30세 미만인 자	5천만 원	3천만 원	3천만 원	8천만 원

자금출처 조사는 실지거래가액으로 한다

부동산 취득자금을 조사할 때는 취득한 부동산의 공시지가나 국세청 기준시가 금액을 출처조사하는 것이 아니다.

과세당국에서 조사하는 금액은 해당 부동산을 실제로 취득하는 데 사용한 구입금액과 취득세·등록세 등 취득에 따른 부대비용까지를 모두 포함한 금액이다.

세무당국은 재산취득 자금출처에 관한 사전안내문이라는 행정우편을 증여추정 혐의자에게 1차적으로 발송, 객관적이고도 구체적인 재산취득 금액 입증자료 등을 첨부해 15일 이내에 관할 세무서로 회신할 것을 요구하고 있다.

여기에서 생각할 것은 실제의 부동산 구입가격을 세무당국은 사실상 알 수가 없다는 점이다. 따라서 증여추정 혐의자에게 재산취득가격에 대해 성실한 기재와 답변을 요구하고 있다.

과세당국은 만일 증여추정혐의자가 취득가격이라고 답변한 금액이 그 당시에 발표된 신문이나 부동산뱅크 등 부동산 전문정보지에 가격 조사된 금액과 현저한 차이가 발생할 경우에는 납세자의 답변을 부인하고 2차적으로 거래 상대방에게 매매금액을 조사한다거나 본인에게 그 당시 거래된 실제 계약서를 첨부, 제출하라고 재차 질문서를 보낸다.

따라서 자금출처 조사를 염두에 두고 있는 사람은 실제 취득한 금액을 기준으로 어떻게 증빙자료를 준비하며, 출처자금에 대해 세무당국을 납득시킬 수 있는 방법을 고려해야 한다.

제2절 자금출처 조사 완벽 가이드

자금출처 준비는 이렇게 하라

자금출처 조사에 대한 안내문을 받으면 먼저 과세당국이 자금출처로서 객관적으로 인정하는 서류가 무엇인지를 일단 알아보아야 한다.

자금출처의 입증방법이나 회신문 작성요령 등을 모르거나 다소 고민스러운 경우에는 공인회계사 등 세무 전문가를 방문, 자세한 상담을 받은 다음 회신문을 작성할 것을 권고한다.

다음에서 자금출처 조사에 대비하여 준비 또는 숙지해야 할 사항에 대해 자금출처가 가능한 항목별로 구분, 설명하고자 한다.

부동산 처분대금이 있는 경우

매매계약서를 찾아라. 계약서에 기재된 부동산의 매도금액에서 양도할 때 필수적으로 발생하는 양도소득세와 중개수수료를 차감한 금액이 부동산처분대금으로 인정받을 수 있는 금액이다.

매매계약서를 분실했다면 거래를 중개한 공인중개사무소에 부탁해 분실로 인한 재작성을 의뢰하라. 매개계약서를 첨부하지 않으면 과세당국은 실제 거래하여 수령한 매도금액을 확인할 수 없다는 이유로 매도 당시의 기준시가를 처분대금으로 인정해 주기 때문이다.

실제 매매가액이 기준시가보다도 큰 것이 일반적이므로 자금출처로 이용할 수 있는 금액이 줄어들어 븐인에게 불이익하다.

한편 처분한 부동산과 관련된 임대보증금이나 금융기관 차입금이 있을 경우에는 물론 그 금액을 뺀 잔액만이 자금출처로 용인을 받는다.

주식처분 대금이 있는 경우

상장된 거래소의 주식이나 코스닥 주식의 경우에는 거래하고 있는 증권회사에서 주식거래원장을 발급받아 제출한다.

거래원장에 기록된 일정기간 동안의 주식매각대금 총액에서 주식매입대금 총액과 증권거래세와 수수료를 뺀 순 잔액이 주식투자로 인한 투자이익이 될 것이다.

비상장된 주식을 처분했을 때는 증권회사 거래가 아니므로 주식 거래를 위해 당사자 간에 작성한 주식대매계약서와 매각대금 영수증은 물론

이고 그 매각대금을 객관적인 입장에서 증명할 수 있는 거래 당사자 이
외 제3자의 입금증을 준비한다.

이자소득이 있는 경우

금융기관에서 받은 이자는 금융기관에서 발행해 준 이자소득 지급 계
산서를 제출하면 된다. 만일 친척이나 친지 등에게 대출해 주고 이자를
받았다면 이자 지급조건과 대출금 상환기간 및 방법, 차입자 등의 인적
사항이 정확히 기록된 금전대차약정서나 차용증 등을 제시해야만 한다.

물론 이때 이미 받은 이자소득도 세법이 정한 세금을 징수했어야 하며
만약 착오로 세금을 징수하지 않았다면 징수하지 않은 세금을 납부해야
한다는 점도 잊지 말아야 한다.

이자소득에 대해 자금출처로 인정받는 부분은 이자소득 총액에서 원
천징수한 세금을 뺀 순액이다.

근로소득과 퇴직소득이 있는 경우

재산 취득시점 이전까지 근무한 회사로부터 수령한 급여에서 근로소
득에 대한 원천징수 세금을 뺀 소득금액을 자금출처로 인정해 준다. 이
때는 근무기간 중의 근로소득 원천징수 영수증을 구비하여 제출하면 된
다.

참고로 과거 근무한 회사가 부도 등으로 현재 그 행방을 확인할 길이
없는 경우 그 회사의 상호와 소재지를 정확히 메모하여 관할 세무서 법
인세과를 방문, 본인이 찾아온 이유를 세무서 담당 직원에게 설명하고
협조를 구하면 본인의 과거 근로소득금액을 확인할 길이 열린다.

퇴직소득 또한 퇴직금을 수령하고 회사로부터 받은 퇴직소득 원천징

수영수증에 기재된 퇴직금 지급액에서 퇴직소득세를 뺀 순 소득금액이 자금출처로 활용할 수 있는 금액이다.

대출금으로 취득한 경우

금융기관이나 회사의 차입금으로 부동산을 취득했다면 재산 취득일 현재의 대출약정서와 대출금이 입금된 통장 등을 제출하면 된다.

문제는 가족이나 친척, 친지에게서 차용한 경우이다. 원칙적으로 세법은 배우자 또는 직계 존비속 간의 금전대차는 인정해 주지 않는다. 이들 간의 거래는 상당 부분 차용금액과 차용조건 등이 사실과 다른 허위라고 추정하고 있기 때문이다.

그러나 현실을 보라. 객관적인 입장에서 대출을 주된 업무로 하고 있는 금융기관을 제외하고 필요한 돈을 비교적 부담 없이 신속하게, 담보도 없이 100% 신용으로 빌리고 빌려 줄 수 있는 사람이 아주 가까운 가족이나 친지밖에 더 있겠는가.

그러나 국세청의 근본 시각이 피붙이 간의 거래는 우선 부인하고 보자는 방침이니 우리가 살 길은 오직 하나밖에 없다.

실제로 부모형제 간에 자금을 빌릴 때는 은행에서 돈을 대출하는 것과 유사한 방식으로 대출약정서, 대출금 상환방법, 이자지급조건 및 시기 등을 아주 구체적이고도 세밀하게 기재하고 대출금도 직접 수수하지 말고 당사자 간의 통장을 통해 입출금하도록 하자. 완벽한 증거 자료는 과세당국의 증여추정 규정에서 벗어날 수 있는 돌파구가 된다.

상속이나 증여받은 돈으로 구입한 경우

부동산을 상속받거나 증여받은 자금으로 취득했다면 당초 상속세나 증여세를 신고할 때 세무당국에 제출한 상속세(증여세)신고서 중 본인의 상속 또는 증여받은 금액에서 관련된 상속세(증여세)를 뺀 잔액이 출처로서 인정을 받는다. 따라서 이미 신고한 상속세나 증여세 신고서를 찾아 세무서에 제출하면 된다.

결혼 축의금도 자금출처로 이용하라

결혼 축의금도 당당히 재산취득 자금의 출처로 인정받을 수 있다. 신랑신부 양측 모두 결혼 전 직장생활을 오래한 사람들이라면 아주 유효하게 활용될 수 있는 방법이다.

갓 결혼한 신혼부부의 경우에는 양가 부모들이 어느 정도는 경제적 부담을 해야 아파트 한 칸이라도 마련할 수가 있는 것이 현실이다.

하지만 부모의 도움 전혀 없이 신랑신부가 그 동안 사회활동의 경력을 밑천으로 결혼했을 때는 받은 축의금과 융자금, 증여세 면세한도인 3,000만 원을 모두 합해 부부 공동명의로 아파트를 취득한다고 가정할 수 있다.

이때 주의해야 할 점은 결혼 축의금을 입증할 수 있는 방명록이나 축의금 명부를 첨부해 제출해야 한다는 점이다.

축의금 중 신랑신부의 친지나 직장, 사업상 동료 등으로부터 받은 축의금을 제외하고 부모의 지명도나 부모와의 관계 등을 보고 축의금을 전달하는 경우 그 축의금은 혼주인 부모 몫으로 본다는 법원의 판결이 있다.

이러한 경우에는 부모가 자신의 하객에게서 받은 축의금을 결혼한 자녀에게 증여한 것이 되어 증여세 문제가 제기된다.

실례로 김영삼 정권 당시 여권의 P의원이 무남독녀 외동딸을 시집 보내며 받은 축의금이 1억 원을 넘었다. 그 외동딸은 자금출처로 축의금 명부를 제출했으나 관할 세무서가 그 축의금을 아버지로부터 증여받은 것으로 보고 증여세를 부과하자 법원에 증여세 부과처분취소 소송을 제기하기에 이르렀다.

사건 심리를 맡은 법원은 "결혼 축의금이란 혼주의 손님들이 혼주의 경제적 부담을 덜어 주려는 성의 표시이므로, 신랑신부와 직접적으로 친분이 있는 하객들이 준 축의금 부분을 뺀 나머지는 혼주와 그와 직간접적으로 친분이 있는 사람들이 지급한 축의금이므로 혼주의 소유이다"라고 판결했다. 결국 증여세 부과처분취소 소송은 패소했다.

대출금과 전세금을 이용할 때 점검 포인트

대출금을 이용하여 부동산을 구입할 경우 자금출처 조사에 대한 준비로서 점검해야 할 부분에 대해 살펴보자.

매매계약서상의 계약금, 중도금 및 잔금일자에 실제로 대금이 지급됐는데도 금융기관 등에서 차입한 금액과 날짜가 매매계약서 상의 매매대금 지급일자와 서로 일치하지 않는 경우가 많이 있다. 이때는 외부의 차입금으로 실제 부동산 구입대금이 지급됐을까 하는 의문점을 남긴다.

이처럼 납세자가 자금출처라고 주장하는 차입금의 액수와 관련 차입일자가 부동산 매매계약서에 기재된 대금 지급일자와 일치되지 않고 차입금액으로 대금을 지급한 사실을 납세자가 거증하지 못할 때 과세당국은 납세자의 주장을 부인하고 증여세를 과세한다.

따라서 금융기관 등 외부로부터 대출금으로 부동산 취득대금을 지급했을 경우에는 차입일자와 그 금액이 매매계약서에 기재된 중도금, 잔금 등 일자와 금액이 상호 일치하는가를 확인해야 한다.

잔금을 전세보증금을 뺀 잔액으로 지급하기로 했거나 매수계약을 한 부동산을 잔금지급일 전에 다른 사람에게 전세를 놓아 그 보증금으로 잔금을 지급하기로 한 경우에도 잔금일자와 전세계약서 상의 전세보증금의 수령일자와 금액 등을 세밀하게 맞추어 서류 상 하자가 없도록 해야 한다.

세무당국에서 사실은 전세를 주지 않고 자금출처로 이용할 목적으로 전세계약서를 작성, 제출하는 경우가 있다고 판단할 수도 있기 때문이다. 이러한 경우에 대비해 전세입자의 주민등록등본과 확인서를 첨부하여 자금출처조사에 대비한다.

자금출처 조사 후 대출금 상환시 조심할 점

부동산 취득에 필요한 자금의 일부를 대출받아 충당하고 자금출처로서 부채증명서를 제출해 자금출처 조사를 원만히 해결한 사람들에게 당부할 말씀, 한 가지 더!

부채증명서의 제출은 단지 자금출처 조사의 1라운드만 본인이 선방한 것이다. 2라운드가 또 하나 남아 있다는 사실을 유념하라.

과세당국은 1차 자금출처 조사 후 1년에 1회 정도 자금출처로 인정한 부채의 상환자금 현황 등을 사후 관리한다. 그러므로 당초 차입한 금액을 상환할 경우에는 그 상환자금의 출처도 명백히 소명해 주어야 한다.

만일 상환한 부채의 자금출처가 분명하게 밝혀지지 못한 경우에는 부채상환자금을 증여받은 것으로 보아 증여세가 부과된다.

재산취득자금에 대한 증여추정 혐의자가 비록 상당한 소득과 재력이 있다고는 하나, 부동산 취득자금으로 사용된 대출금을 상환한 자금 중 그 출처가 분명하지 못한 부분을 아버지로부터 증여받은 것으로 추정해 증여세를 과세한 사례가 다수 있다는 것도 특별히 참고할 만하다(국심 2001서1305, 2001.11.17외 다수).

따라서 상환자금에 대해 마땅한 출처를 찾기 어려우면 차라리 이자부담을 기꺼이 감수하며 상환을 미루는 것이 현명하다.

상환자금 출처 마련이 아주 곤란한 사람은 처음부터 금융기관의 대출금 상환조건을 만기 일시 상환으로 선택하는 것도 좋은 대안이다. 최종적으로 부동산을 처분하여 매각시점에 상환을 하든가 아니면 매각대금에서 대출금을 공제하고 잔액만을 수령하면 될 테니까 말이다.

전세보증금의 상환도 같은 맥락으로 그 상환 자금에 대한 출처조사가 있다는 것에 철저히 대비해야 한다. 섣불리 전세보증금을 지급하면 안된다. A라는 세입자가 나가면 B라는 새로운 세입자를 찾아 계속적으로 전세보증금을 이월하는 작전으로 나가라.

자금출처는 80% 이상만 입증하면 된다

부동산 등의 취득자금에 대한 자금출처는 취득가액의 전부를 입증한다는 것이 현실적으로 어렵다고 과세당국도

247

판단하여 재산취득금액의 80% 이상만 소명하고, 소명하지 못한(20% 상당부분) 금액이 2억 원 미만이라면 증여세를 과세하지는 않는다.

예를 들어 5억 원에 상가를 구입했다면 5억 원의 80% 상당액인 4억 원 이상의 자금출처를 밝히면 된다. 규명하지 못한 부분이 1억 원으로 2억 원 미만이기 때문이다.

하지만 15억 원에 상가건물을 구입한 경우 80% 상당액인 12억 원만을 소명했다고 하면, 소명하지 못한 부분이 3억 원으로 2억 원을 초과하므로 이때는 최소한 13억 원 이상의 출처를 입증해야만 한다.

앞의 예를 다시 보자. 15억 원에 취득한 상가건물에 대해 그 중 80%인 12억 원만을 자금출처로서 입증했다면, 증여로 보는 금액은 얼마인가.

해설. 증여로 보는 금액은 입증하지 못한 금액 전부다. 그러므로 3억 원(= 15−12)이 된다. 이 때 12억 원에서 1억 원만 더 출처를 규명했다면 15억 원 전부에 대한 출처를 소명한 것으로 과세당국이 인정하기 때문에 마지막 1원까지 출처를 밝히려는 노력이 요구된다.

아르바이트 학생의 자금출처 가이드

젊은 대학생이나 대학원생 중에는 단순히 아르바이트 차원이 아니고 소득수준에서 볼 때 직업적이라고 할 만큼 과외로 인한 소득금액이 상당한 경우가 있다. 그들이 과외로 벌어들인 금액을 재원으로 하여 부동산을 취득한다고 가정해 보자.

이 경우 부모로부터 약간의 자금을 증여받고 이외에 전세보증금 등을 고려하면 과외로 번 돈도 제법 증여세를 줄이는 데 한 몫을 단단히 할 수 있다.

그렇다면 어떻게 과외소득을 자금출처로 준비할 것인가.

일단 과외를 하고 과외비를 지급한 학부모의 인적사항과 과외비 및 지급일자를 매월 철저히 기록하고 과외비는 가능한 한 본인의 예금계좌로 직접 송금받아라. 그러면 송금한 상대방인 과외학생의 학부모의 이름이 확인될 수 있으므로 객관적인 증거자료가 된다.

이 자료를 근거로 자금출처로 활용하라. 이때 과외로 벌어들인 소득금액이 일정액을 넘으면 그에 따른 소득세 납부는 물론 피할 수는 없다. 그러나 그로 인한 소득세는 증여세에 비하면 현저하게 작은 금액이므로 개의치 말고 가벼운 마음으로 부담하라.

음성 근로자의 자금출처대책

우리 사회에는 자신의 직업을 드러내 놓고 말할 수 있는 사회적 정서는 아직 아닌가 보다. 지하에서 여러 가지 서비스, 위락사업에 종사하면서 나름대로 사회에 봉사하고 소득을 획득해 성실하게 앞길을 열고 있는 사람이 많이 있다.

이러한 사람들이 부동산을 취득했다고 하면 문제가 자금출처이다. 객관적으로 세무당국에 신고된 근로소득세나 사업자등록 등이 없으니 말이다. 분명히 이들이 직업 활동을 영위해 소득을 창출한 것은 틀림없는 사실인데도 말이다.

이들과 같은 음성 근로자들도 매월 또는 매일 받는 봉사료 등을 매일 같이 금전출납부 등에 기록하고 관련 금액을 전액 은행의 자기계좌에 입금하면 자금출처의 길이 보인다.

생활비나 용돈도 물론 입금된 통장에서 인출 사용하라. 더욱 적극적인 방법은 업주에게 부탁해 종업원으로 근로소득세 신고를 해달라고 부탁하거나 자유직업자로 하여 봉사료 수입금액에서 약간의 세금을 원천징수 당하고 매월 업주로부터 봉사료지급 명세서를 받아 사후의 자금출처 조사에 대비하면 된다.

업주 역시 지출한 봉사료 등이 필요경비로서 사업소득을 산출할 때 공제받을 수 있기 때문에 상부상조하는 의미가 되어 특별히 거절하지는 않는다. 세금은 관심이다. 그리고 아는 만큼만 절세가 가능하다.

제4부

해외 이주자의 세무전략

제1장 | 해외 이주자를 위한 세무전략

제1절 해외 이주자는 국내 거주자와 다르다

해외 이주자는 비거주자다

국내 1년 이상 거주하면 거주자

해외 이주자는 국내 세법을 적용함에 있어 비거주자에 해당된다. 거주자와 비거주자의 판단을 규정하고 있는 소득세법 시행령 제1조를 보면, 거주자란 국내에 주소를 두거나 1년 이상 거소를 둔 개인이다. 거주자가 아닌 사람은 비거주자로 본다.

그러나 국내에 주소가 없더라도 계속 1년 이상 거주할 필요가 있는 직업이 있거나 국내에 생계를 같이하는 가족이 있고 그 직업 및 자산상태로 보아 계속 1년 이상 거주할 것으로 인정되는 사람은 거주자로 본다.

외국에서 근무하기 위해 파견된 공무원이나 내국법인의 해외 사업장에 근무하는 임직원도 거주자로 본다. 거주자 여부를 판정할 때 개인의 국적이나 영주권 취득 유무는 관련이 없다.

비거주자는 거주자와 어떤 점이 다른가

소득세법

소득세법에서 구분하는 거주자와 비거주자의 차이점은 일단 납세의무가 다르다는 점이다. 거주자는 국내외에서 발생한 모든 소득에 대해 납세의무가 있지만 비거주자는 국내에서 발생한 소득에 대해서만 납세의무를 부담한다.

이자소득에 대한 세금이 다르다는 것도 또 다른 차이점이다. 거주자는 이자소득에 대해 15%(주민세는 별도)에 해당하는 원천징수세율을 부과한다. 금융소득이 4,000만 원을 초과하는 경우는 금융소득과 다른 종합소득을 합산해 과세한다.

반면 비거주자는 이자소득에 대한 원천징수세율이 해외 이주자가 현재 살고 있는 국가와 한국이 체결한 조세협약에 따라 각각 다르다. 일례로 미국 이민자의 경우 12%의 이자소득세가 원천징수되며, 일본교포의 경우 10%가 적용된다.

또한 해외 이주자는 이자소득 금액에 관계없이 종합소득에 합산되지 않는다. 다만 해외 이주자가 국내에서 사업을 하거나 부동산 임대소득이 있는 경우 그 소득과 이자소득 금액을 합산해 과세한다.

부양가족공제가 인정되지 않는다는 것도 차이점으로 꼽힌다. 비거주자는 비록 국내에서 사업을 한다고 해도 국내에서 발생한 소득에 대해 종합소득세 신고를 할 경우 사업자 본인의 기초공제만 인정되고 배우자나 부양가족 등에 관한 공제는 허용되지 않는다.

양도소득세

거주자와 비거주자와의 차이점은 양도소득세에서도 확연히 드러난다. 일단 비거주자에게는 1세대 1주택의 비과세가 없다. 1세대 1주택의 비과세제도는 국내 거주자에게만 허용되는 제도이기 때문이다. 따라서 비거주자는 1세대 1주택이라도 양도소득세를 납부해야 한다.

비거주자는 양도소득세도 미리 납부해야 한다. 부동산을 매도하기로 계약한 후 부동산 매도용 인감증명을 교부받기 위해서는 먼저 국내의 최종 주소지를 관할하는 세무서에 미리 양도소득세를 신고하고 관련 세금을 납부해야만 부동산 매도용 인감증명을 교부받을 수 있다.

상속세

가장 큰 차이를 보이는 것은 납세의무 범위가 다르다는 사실이다. 상속세 역시 소득세법과 동일하게 비거주자가 사망한 경우 그가 국내에 소유하고 있던 재산에 대해서만 상속세 신고의무가 있다. 반면 거주자의 경우는 그가 소유하고 있던 국내외 모든 재산에 상속세 납세의무가 있다.

비거주자는 상속세 신고기한이 9개월이다. 비거주자의 상속세 신고기한은 그가 외국에 거주하고 있어 상속준비에 따른 시간이 국내 거주자보다는 많이 필요할 것으로 입법과정에 반영된 것이다.

비거주자는 배우자공제나 자녀공제, 미성년자공제 등 인적공제가 해당되지 않아 혜택을 받지 못한다. 때문에 거주자보다는 상속세 부담이 크다.

금융재산 공제 역시 비거주자에게는 없다. 상속세 신고시 거주자에게 해당되는 금융재산 공제도 비거주자에게는 해당되지 않는다.

증여세

증여세를 산출함에 있어서 배우자공제나 자녀공제 등을 받을 수 없다.

제2절 해외 이주자의 양도 · 상속 · 증여세

해외 이주자도 1세대 1주택 비과세는 가능하다

해외 이주자 전 가족이 해외로 출국하기 전에 보유하고 있는 1세대 1주택에 대해서는 출국 후 언제 매각하든 양도시기에 관계없이 1세대 1주택으로 비과세를 받을 수가 있다.

만일 자경 농민으로서 해외이주를 하기 전에 재촌 자경하며 8년 이상 경작한 농지가 있다면 해외이주 후 양도를 해도 양도 당시에 농지라면 농지의 양도에 따른 양도소득세는 2억 원(2004.1.1 이후부터는 1억 원)을 한도로 감면이 가능하다.

시민권자와 영주권자의 세법상 차이

양도소득세이든 다른 세금이든 세법상 외국의 시민권자와 영주권자의 차이는 없다. 이 점에서는 한국이나 외국의 세법 역시 대동소이하다. 세법상 납세자를 단순히 거주자와 비거주자로 구분할 뿐 시민권이나 영주권 유무로 분류하지는 않는다는 얘기이다.

따라서 양도소득세나 종합소득서 신고의 경우도 국적이나 영주권 유무에 관계없이 납세자를 거주자인지 또는 비거주자인지 구분하여, 소득세를 신고 납부하거나 과세처분한다.

한편 외국의 시민권자나 영주권자가 국내에 1년 이상 거주를 목적으로 법무부 출입국관리 사무소에 국내거소신고를 하고 국내거소신고증을 발급받은 경우에는 거주자와 동일하게 취급하고 있다.

해외 이주자의 양도세 신고요령

가령 캐나다 영주권을 갖고 현재 캐나다에 살고 있는 교포가 분당에 있는 아파트를 매도했다고 치자. 양도세 신고는 어떻게 해야 할까.

해외교포, 즉 재외국민의 경우 국내 소재 부동산을 양도하기 위해서는 교포의 한국 내 최종 주소지 동사무소에 가서 부동산 매매용 인감증명서를 받아야 한다. 이때 인감증명서 뒷면에 최종 주소지 관할 세무서를 경유하여 세무서장의 직인을 받아야만 한다.

이 경우 부동산 양도로 인한 양도세를 미리 납부해야만 세무서장의 직인을 받을 수 있다. 만일 현금이 없어 세금을 미리 납부할 수 없는 경우 부동산이나 유가증권 등을 담보로 제공한 다음 세무서의 확인을 받을 수도 있다.

참고로 해외 이주자나 국내 거주자 모두 양도소득세 산출방식은 동일하므로 양도소득세 산출금액도 국내 거주자와 동일하다.

해외 이주자의 증여세, 거주자보다 많다

재산을 증여받은 사람이 국내에 주소가 없는 해외 이주자라면 국내 거주자에 비해 증여세가 많다. 뿐만 아니라 다음과 같은 점에서 국내 거주자와 차이가 있다.

수증자가 비거주자라면 재산을 증여한 증여자도 수증자와 연대하여 증여세에 대해 납세의무를 부담한다. 수증자가 국내에 주소가 없는 관계로 증여자의 주소지를 관할하는 세무서가 증여세의 과세관청이 된다.

가장 중요한 것은 비거주자에게 증여한 경우에는 증여재산 공제제도가 적용되지 않아 증여세가 많아진다는 사실이다.

일례로 배우자에게 서울의 30평 아파트를 증여한다고 가정하자. 배우자가 국내에 살고 있는 거주자이고 30평 아파트의 기준시가가 3억 원 미만이라면 배우자의 재산공제한도가 3억 원이므로 증여세는 단 1원도 부과되지 않는다.

그러나 배우자가 해외 이주자로서 비거주자에 해당된다면, 배우자 공제가 전혀 해당되지 않으므로 증여한 아파트의 기준시가 전액에 대해 증여세를 내야 한다. 참고로 2004년 3월 국세심판원은 비록 해외 이주는 하지 않았다고 하여도 해외로 유학 간 자녀들의 뒷바라지를 위하여 1년 이상 해외에 체류하고 있는 주부의 경우도 비거주자로 판단하여 배우자공제를 배제한다고 결정하였다.

실로 엄청난 증여세 부담이 아닐 수 없다. 만일 해외 이민자에게 재산을 넘겨줄 것을 고려하고 있다면 증여 이전에 관련 세금에 대한 정확한 자문을 받은 후 실행할 것을 권고한다.

이상만 씨는 2004년 3월 20일 현재 서울 송파구 송파동 A아파트 45평을 아내인 현실이 씨에게 증여할 것을 고려하고 있다. 그런데 문제는 그의 부인이 미국 시민권을 취득해 현재 시애틀에서 딸과 5년째 함께 살고 있다는 점이다. 이 씨는 증여세가 많지 않을까 고민해 상담실을 방문했다. 2004년 3월 20일 현재 위 아파트의 국세청 기준시가는 3억 원이다.

연구과제1. 현실이 씨는 증여세를 얼마나 내야 하나?

해설 1. 현실이 씨는 증여일 현재 미국 시민권을 취득했고 5년째 미국에서 거주하고 있어 국내에 1년 이상 주소 또는 거소가 없는 사람으로 비거주자에 해당한다. 따라서 남편한테 아파트를 증여받는다고 해도 배우자공제가 불가능하다.

해설 2. 증여세 과세표준 = 증여재산가액 − 증여재산공제 = 3억 원 − 0 = 3억 원

해설 3. 증여세 산출세액 = 과세표준 × 세율 = 3억 원 × 20% − 1,000만 원 = 5,200만 원

해설 4. 자진납부세액 = 산출세액 − 자진신고세액공제 = 5,000만 원 − 500만 원 = 4,500만 원이 된다.

연구과제 2. 현실이 씨가 거주자라면 증여세는 얼마일까?

해설. 수증자인 현실이 씨가 거주자라면 배우자공제 3억 원을 증여재산가액 3억 원에서 공제할 수 있으므로 과세표준이 0으로 되어 세금은 단 1원도 없게 된다.

해외 이주자의 상속세는 매우 많다

비거주자인 해외 이주자의 상속세 신고는 국내 거주자와 여러 면에서 다르다.

상속세 신고대상 재산의 범위가 다르다

비거주자의 경우에는 그의 재산 중 한국에 소재하고 있는 재산에 대해서만 상속인들이 신고할 의무를 지니는 제한적 납세의무를 부담한다.

신고기한이 연장된다

국내 거주자가 사망한 경우에는 6개월 이내에 상속세를 신고해야 하지만 비거주자의 경우에는 9개월 이내에 상속세 신고를 하면 된다.

배우자공제, 자녀공제, 일괄공제 등을 받을 수 없다

해외 이주자가 사망하여 상속세 신고를 할 경우에는 기초공제 2억 원만 공제되고 배우자 공제와 일괄공제 5억 원은 공제를 받지 못한다. 따라서 상속세 부담이 매우 무겁다.

가업상속 공제, 금융재산 공제도 해당 없다

비거주자는 가업상속 공제제도나 금융재산 공제제도의 혜택을 받을 수 없다. 이것 역시 상속세 부담을 가중시키는 요인이다.

비거주자의 상속세 신고 때 공제할 수 있는 채무나 공과금 등도 신고한 국내 재산에 직접적으로 관련하여 발생한 채무나 공과금만이 공제된다.

따라서 비거주자가 생전에 외국의 금융기관 등에서 대출받은 돈을 국내로 송금해 부동산을 취득한 경우에는 관련된 자금 흐름이 명백히 입증되어야만 채무로서 인정을 받게 되므로 서류 상의 일치여부 등을 세밀히 검토해야 세금누수를 방지할 수 있다.

말년에 거주자로의 전환을 신중히 고려하라

상속이나 증여를 고려할 경우에는 비거주자의 신분이 국내 거주자보다 현저히 불리하다. 더구나 상속문제에 있어 국내소재 재산이 10억 원 정도라면 거주자의 신분으로 사망했을 경우에는 세금이 전혀 없다.

반면 비거주자의 상태에서 고인이 된 경우에는 상속재산 10억 원에서 기초공제 2억 원을 뺀 8억 원이 상속세 과세표준이 되어 상속세가 1억 8,000만 원 부과된다.

따라서 비거주자의 국내 재산가액이 적어도 2억 원을 초과하는 경우라면 말년에 거주자로 전환하는 것을 신중하게 고려해 볼 것을 권고한다.

1억6,000만 원짜리 주민등록증

김이민 씨는 2003년 7월 3일 캐나다 토론토에 있는 자택에서 75세를 일기로 세상을 떠났다. 그는 지난 1978년 3월에 캐나다로 이민 온 한인 1세대에 해당된다. 그의 유가족으로는 토론토에 있는 처와 밴쿠버에 살고 있는 작은아들 가족과 경기도 분당에서 살고 있는 큰아들 내외가 있다. 그의 한국 내 재산은 서울 강남구 청담동 아파트와 경북 상주시 소재 임야 등 부동산의 평가액이 8억 원이며, 금융재산으로는 하나은행 정기예금금액 2억 2,000만 원이 전부이다. 대출금 등 부채는 전혀 없는 것으로 확인됐다.

연구과제 1. 김이민 씨의 상속세는 얼마로 계산되나?

해설 1. 비거주자의 경우 상속세 신고 과정에서 공제가 가능한 부분은 오직 하나, 기초공제 2억 원뿐이다.

해설 2. 상속세 과세표준 = 상속세 과세가액 − 기초공제 = (8억 원+2억 2,000만 원)−2억 원 = 8억 2,000만 원

해설 3. 상속세 산출세액 = 과세표준 × 세율 = 8억 2,000만 원×30%−6,000만 원 = 1억 8,600만 원(과표가 5억 원 초과 10억 원 이하일 경우 세율은 30%)

해설 4. 자진납부세액 = 산출세액−자진신고세액공제 = 1억 8,600만 원−1,860만 원 = 1억 6,740만 원

연구과제 2. 만일 김이민 씨가 거주자 신분이라면 상속세는?

해설 1. 배우자공제(5억 원)와 일괄공제(5억 원), 금융재산에 대해 20%에

제3절 해외 이주자의 자금출처 확인

이민 갈 때 납세관리인은 공인회계사로 선임하라

국내에 주소 또는 거소가 없는 납세자는 세금 신고나 납부, 각종 세무에 관한 서류의 수령이나 제출 등 국세에 관한 사항을 처리하기 위해 납세관리인을 선임, 신고해야 한다.

이민을 가기 위해 주소지 관할 세무서에서 국세완납증명서를 신청하게 되면 세무서는 납세관리인을 선정하도록 요구한다. 이때 대다수 사람들이 한국에 있는 가까운 친척이나 친지를 납세관리인으로 선임해 놓고 가는데 이것은 납세관리인의 역할을 충분히 이해하지 못한 데서 오는 안타까운 행위이다.

납세관리인의 역할은 아주 중요하다. 국내에서 납세자 본인을 위해 각종 세금신고는 물론이고 이미 신고한 세무내용에 착오나 오류가 있을 경우 그 사항을 정정해 수정신고하거나 과세당국에 시정을 요구할 수 있는

263

조세불복청구는 물론 납세고지서의 수령이나 국세 환급금을 수령할 수 있는 권한도 주어지는 아주 중요한 임무를 담당한다.

납세관리인의 임무가 이처럼 전문적이고도 납세자 본인에게 세무상의 중대한 영향을 미칠 수 있음을 고려, 세법은 공인회계사나 세무사를 납세관리인으로 선임할 수 있도록 규정했다.

따라서 해외이민 등으로 장기간 출국하는 사람들은 본인 자신의 이익과 향후에 발생할 수 있는 세무상의 불이익을 사전에 방지하는 차원에서 공인회계사를 납세관리인으로 선임할 것을 권고한다.

이민 갈 때 자금출처 확인 충분히 받아두라

전 가족이 해외이주를 목적으로 출국할 경우 미화 10만 달러 이하의 금액은 외교통상부장관으로부터 해외이주를 허가받은 날로부터 3년 이내에 세무서의 자금출처 확인절차 없이 자유롭게 송금, 반출할 수 있다. 추가적으로 외화를 반출할 필요가 있을 때는 주소지 관할 세무서에서 외화송금을 위한 자금출처확인서를 발급받아야만 송금이 가능하다.

그런데 해외에서 당분간은 큰돈이 필요가 없다고 생각하고 송금을 위한 자금출처확인서를 발급받지 않는 이민자가 간혹 있다. 하지만 해외이주의 경우 추후 해외 현지에서 사업을 개시하든가 주택을 구입하는 등 추가적인 송금이 필요할 때 자금출처 확인을 받아야 하는 문제가 제기된다.

이 같은 경우 해외이주를 한 날로부터 3년이 경과됐다면 세무서에서 자금출처를 확인하는 데 상당한 어려움을 겪는다. 때문에 이민 즉시 큰 돈이 필요가 없다고 해도 일단 자금출처를 본인의 역량에 따라 최대한 받아 두어 송금 한도를 확보해 두는 것이 바람직하다.

자금출처 확인을 받아두었다고 해서 반드시 그 금액을 해외로 송금할 필요는 없다. 단지 송금할 경우 송금허가서와 같은 기능을 하는 것이 자금출처확인서이다.

송금용 자금출처 확인에 필요한 서류

해외 이주자가 외화를 송금할 때 세무서에서 확인받는 자금출처확인서를 발급받는데 필요한 서류는 국내 거주자의 재산취득에 따른 자금출처조사에 대비하여 준비하는 서류와 동일하다.

간단히 요약하면 근로소득이나 퇴직소득이 있는 사람은 근로소득이나 퇴직소득 원천징수영수증을 제출하면 된다.

부동산 처분대금이나 전세보증금 등을 해외로 송금한다고 하면 부동산 매매계약서나 전세계약서를 첨부하고 금융자산을 인출하여 송금하고자 할 경우에는 당해 금융자산의 인출사실이 기록된 통장이나 거래원장 사본을 제시하면 된다.

이때 과세당국이 처분 또는 인출한 부동산이나 금융자산의 취득자금에 대한 출처를 요구할 수가 있다. 이러한 경우에는 재산취득자금에 대한 자금출처조사 대비법을 기술한 앞 부분을 참고하길 바란다.

제1절 사전적 구제절차

납세자 보호담당관을 찾아라

세금의 부과·징수나 조사과정에서 납세자의 권익이 침해되었거나 침해될 우려가 있는 경우 납세자의 입장에서 고충을 해결하여 납세자가 억울한 일이 없도록 하는 보호장치가 필요하다. 이에 일선 각 세무서와 지방 국세청에 설치된 제도가 납세자 보호담당관제도이다.

납세자의 권리구제 수단으로는 과세 적부심, 이의신청, 심사청구 등이 있으나 이들은 사후적 권리구제 수단으로서 납세자의 사전적 권리구제와 절차적 권익의 침해나 구제에는 한계가 있다.

권리가 침해되었거나 침해될 우려가 있는 경우 특히 신속하게 납세자의 고충을 해결할 필요가 있다.

아울러 국민의 다양한 세금관련 요구를 납세자의 입장에서 적극 수용, 조세제도와 과세행정에 반영함으로써 국민들의 세금과 세정에 대한 불만을 해소해 주는 보호장치가 요구된다.

납세자 보호담당관 제공 서비스

세무상담

양도소득세, 상속, 증여세 및 부가가치세 등 국세에 관련된 모든 세금 문제에 대해 납세자가 궁금해하는 세금 문제를 상담료 없이 세무상담받을 수 있다.

하지만 지방자치단체인 일선 시·군·구청에서 과세하는 다음과 같은 지방세에 대한 상담 등이나 억울한 사항 등에 대한 민원은 지방세를 관할하는 시·군·구청의 세무담당자에게 해야 한다. 지방세 이외에도 관세에 관한 사항 역시 관세청이나 세관에서 담당하고 있어 납세자 보호담당관이 서비스를 제공할 수는 없다.

납세자 보호담당관이 상담이나 해결할 수 없는 지방세로는 취득세, 등록세, 면허세, 마권세, 공동시설세, 지역개발세, 주민세, 재산세, 자동차세, 농지세, 도축세, 담배소비세, 종합토지세, 도시계획세, 사업소세 등이 해당된다.

세금민원 해결

세금이 잘못 나왔다고 생각한다면 즉시 납세자 보호담당관을 찾아라. 그가 세법대로 정확하게 부과되었는지 확인, 만일 과세가 잘못되었다고 판단되면 당초의 과세처분을 정정하도록 도와준다.

부당하게 재산을 압류당했다는 생각이 들어도 납세자 보호담당관이 부당한 압류인지를 심리해 잘못되었으면 즉시 시정하여 준다.

국세의 부과·징수 또는 세무조사 과정에서 국세공무원이 위법·부당하게 권한을 행사하여 납세자로서 권익을 침해당했다고 생각한다면 그에게 찾아가 항의하라. 그가 귀하의 불만이 납세자로서 정당한 이유에 기인한 것인지를 알아보고 잘못되었으면 시정해 준다.

납세자 보호담당관은 세금 민원을 완전히 무료로 해결해 주는 세무서 내의 민원해결사이다. 게다가 민원업무 처리과정 중 알게 된 민원인의 세무상 비밀이 절대 보장되고 그로 인해 민원인에게 불이익이 없도록 규정하고 있다.

하나 더, 민원인 혼자 힘으로는 찾을 수 없는 세무상 증빙서류나 공문 자료 등도 보호담당관이 직접 찾아 민원을 해결해 줄 수가 있다.

납세자 보호담당관의 이용방법

민원인의 주소지를 관할하는 세무서나 납세고지서가 발급되거나 조만간 발급 예정인 세무서에 직접 방문하거나 문서를 작성해 억울한 세금민원 내용을 가능한 한 육하원칙에 의거 간결하고도 명료하게 적어 납세자 보호담당관에게 보내면 된다.

권리구제제도의 개요

국서의 과세처분이나 징수처분 등과 관련하여 납세자의 불복에 대한 권리구제제도로는 사전적 권리구제제도인 과세 적부심사제와 사후적 권리구제제도인 이의신청, 심사청구, 심판청구 등의 행정심판과 소송이 있다.

과세 적부심사제도는 과세관청에서 세금을 고지하기 전에 과세할 내용을 납세자에게 미리 통지하고 그 내용에 불복이 있는 경우 납세자로 하여금 이의를 제기토록 하여 이를 시정해주는 제도다.

행정심판제도는 과세처분 등이 있는 경우 그 처분에 불복이 있는 사람이 처분 행정청에 그 처분을 취소하거나 변경을 요구하는 제도를 말한다. 이때 과세처분을 한 해당 세무서나 관할 지방국세청에 제기하는 경우를 이의신청이라고 하고 국세청에 제기하는 경우를 심사청구라 하며, 국세심판원에 제기하는 경우를 심판청구라고 한다.

납세자는 이의신청을 거쳐 심사청구 또는 심판청구를 하거나 이의신청을 거치지 않고 바로 심사청구 또는 심판청구를 할 수 있다. 물론 이러한 불복절차를 거치지 않고 감사원에 바로 심사청구를 제기할 수도 있다.

이 같은 행정심판에 불복할 경우 소송을 제기할 수 있도록 하고 있으며, 국세에 관한 소송은 행정심판의 절차를 거친 다음이 아니면 제기할 수 없도록 하고 있다.

과세 전 적부심사 청구

과세 전 적부심사는 세무조사 결과 과세예고통지를 받은 납세자가 소관 세무서장 또는 지방국세청장에게 청구할 수 있다.

다만 청구 내용이 법령과 관련, 국세청장의 유권해석을 변경해야 하거나 새로운 해석이 필요하거나 국세청장의 훈령·예규·고시 등과 관련해 새로운 해석이 필요한 경우 또는 국세청장의 업무감사 결과 과세예고통지한 경우에는 국세청장에게 과세 전 적부심사를 청구할 수 있다.

이 경우 청구서는 국세청에 직접 접수하거나 소관 세무서 또는 지방국세청에 접수할 수 있다. 과세 전 적부심사청구는 세무조사결과통지 또는 감사결과 과세예고통지를 받은 날부터 20일 이내에 청구해야 한다.

과세 전 적부심사청구를 받은 세무서장이나 지방국세청장 또는 국세청장은 청구를 받은 날부터 30일 이내에 과세 전 적부심사 위원회의 심의를 거쳐 결정해야 한다.

다만 납기 전 징수 사유가 있거나 수시 부과의 사유가 있는 경우, 조세범칙사건을 조사하는 경우, 부과제척기간 만료일까지의 기간이 3개월 이하인 경우 및 조세조약을 체결한 상대국이 상호합의절차의 개시를 요청한 경우에는 과세 전 적부심사청구 대상이 아니다.

이의신청 및 심사청구

이의신청 및 심사청구는 다툼의 대상이 된 처분을 내린 행정청에 제기한다. 이것은 처분청인 행정청 스스로가 가장 신속한 절차에 의해 납세자의 권리나 이익의 구제를 꾀하면서 행정의 적절한 운영을 확보하는 것을 목적으로 하는 데 그 특색이 있다.

이의신청 또는 심사청구는 당해 처분이 있는 것을 안 날(처분 통지를 받은 때는 그 받은 날)로부터 90일 이내에 제기하지 않으면 안 된다.

이의신청을 할 것인지, 심사청구 또는 심판청구를 할 것인지는 납세자의 선택에 따른다. 납세자가 이의신청을 거친 다음 심사청구 또는 심판청구를 하고자 할 때는 이의신청에 대한 결정 통지를 받은 날로부터 90일 이내에 해야 한다.

만약 이 기간 내에 결정 통지를 받지 못한 경우에는 그 통지를 받기 전이라도 결정기간이 경과한 날로부터 90일 이내에 심사청구 또는 심판청구를 할 수 있다.

이 기간 중에는 그 대상이 되고 있는 처분이 효력을 잃지 않으나 다만 국세 체납으로 압류한 재산에 대해서는 그 신청 또는 청구에 대한 결정이 확정되기 전에는 임의공매를 할 수 없도록 제한하고 있다.

조세소송

국세의 부과나 징수의 취소를 요구하는 소송은 이의신청. 심사청구, 심판청구 등 행정심판의 절차를 거친 다음이 아니면 제기할 수 없도록 되어 있다. 행정심판을 거쳤을 경우에는 행정심판(심사청구, 심판청구, 감사원심사청구)의 결정통지를 받은 날로부터 90일 이내에 행정법원에 제기해야 한다.

만약 결정기간 내에 결정 통지를 받지 못한 경우에는 그 결정기간이 경과한 날로부터 소송을 제기할 수 있다. 소송이 제기된 경우에는 그 대상이 되는 처분의 효력은 잃지 않고 원칙적으로 처분의 집행은 정지되지 않는다.

양도소득세 관련 개정내용

양도소득세 관련 개정내용

2001년 봄부터 불어닥친 재건축아파트를 중심으로 한 부동산 열풍은 2002년에는 열풍의 도를 넘어 광풍으로 돌변, 서울 강남권의 주택가격은 물론 주요 도시의 상업용 건물 가격까지도 폭등하게 하면서 대다수 서민들을 깊은 걱정과 불안감에 빠져들게 했다.

이에 조세정책 당국은 부동산 시장의 안정을 도모하고자 양도소득세제를 활용하는 상황에 이르렀다. 이러한 정책세제의 수단으로 2003년부터 새로이 신설되거나 개정되어 적용되는 양도소득세의 주요 골자는 새로이 고가주택이란 개념을 도입한 것이 특징이다.

예컨대 1세대 1주택자라도 양도소득세를 부과하며 투기지역에 대한 실지거래가 과세를 강화하는 한편 투기지역에 대해서는 양도소득세율을 탄력적으로 운용하여 기본세율보다 더욱 강화된 세율체계를 운용하도록 했다.

이는 원천적으로 부동산소득을 조세로 흡수하도록 함으로써 부동산가격을 하향 안정화시키는 데 그 목적이 있는 것 같다. 다음에서 구체적으로 개정되거나 새로이 신설된 주요내용을 알아본다.

고가주택은 1세대 1주택자도 과세(소득세법 제89조 3호와 시행령 제156조)

주택 면적에 관계없이 단순하게 양도가액만을 기준으로 고가주택을 판정한다. 종전의 고급주택이 주택의 면적과 가액을 동시에 고려, 고급주택의 해당유무를 판정하는 규정을 개정하여 면적기준을 폐지하고 금액기준만을 판정기준으로 보고 그 용어도 고급주택에서 고가주택으로 변경했다.

고가주택이란 실지 거래된 매도가액이 6억 원을 초과하는 주택을 말하며 그 주택의 유형은 아파트나 연립주택 등 공동주택이든 단독주택이든 불문한다. 고가주택에 해당되면 1세대 1주택자라도 실지매도가액에서 6억 원을 초과한 금액에 상당하는 양도차익에 대해 양도소득세가 부과되며 양도소득세 신고기준도 실지거래가격이 된다.

2003년부터 새로이 과세권에 편입되게 된 일정면적(전용면적 45평) 미만의 1세대 1주택자의 조세부담을 경감할 목적으로 장기보유특별공제를 확대했다. 그 내용은 5년 이상 보유자는 양도차익의 25%, 10년 이상 보유자는 50%를 양도차익에서 공제해 준다(소득세법 제95조 2항2호와 3호).

아파트나 고급빌라 등 공동주택의 경우 2002년 9월 30일까지는 전용면적 기준이 50평 이상이고 실지거래가액이 6억 원을 초과하는 경우를 고급주택으로 정의했다. 하지만 2002년 10월 1일부터 관련 법령을 개정하여 전용면적기준을 45평 이상으로 대상을 확대했다.

그리고 2003년 1월 1일부터는 아예 면적기준을 없애고 양도 당시의 거래금액만을 기준으로 6억 원을 초과하는 경우 고가주택으로 판정하여 세법을 적용하기로 추가 개정, 시행하게 됐다. 2004년에도 2003년 기준이 계속 적용되고 있다. 입법 추진은 언론에 많이 거론되고 있지만 확정된 것은 아직 없다.

투기지역은 실지거래가로 과세(소득세법 제96조 1항 6호의2)

재정경제부에 설치된 부동산가격 안정심의 위원회의 심의를 거쳐 지정 고시된 부동산가격이 급등한 투기지역 내에서 거래된 모든 부동산에 대해서는 보유기간에 관계없이 반드시 실지거래가액으로 양도소득세를 과세할 수 있도록 관련 규정을 신설했다.

투기지역에 대해서는 양도소득서의 세율도 기본세율에 추가해 15% 범위 이내에서 가산할 수 있는 탄력세율을 적용할 수 있도록 신설했다.

부동산가격안정심의위원회는 당해 지역의 부동산가격 상승률이 전국 소비자물가 상승률보다 130% 이상 높은 지역으로서 전국 부동산가격 상승률보다 130% 이상 높거나 전년 동기대비 부동산가격 상승률이 직전 3년간 연평균 부동산가격 상승률보다 높은 지역을 대상으로 투기지역 지정여부를 심의, 결정하도록 규정했다.

상속주택에 대한 양도소득세 부과(소득세법시행령 제155조 2항)

2003년 1월 1일 이후 상속이 개시되어 취득한 상속주택에 대해서는 양도차익에 대해 양도소득세를 과세한다. 종전에는 무주택자나 1세대 1주택자가 상속으로 취득하게 된 주택에 대해서는 보유기간이나 양도시기에 관계없이 양도소득세를 비과세해 주었다.

그러나 상속받은 주택 이외에 자신이 종전부터 보유하고 있는 1주택에 대한 비과세 규정은 2003년 1월 1일 이후 시행되어, 2004년에도 동일하게 적용된다.

재건축(재개발)한 아파트를 양도한 경우의 양도차익 산출방법 신설(소득세법시행령 제166조 5항)

주택건설촉진법(도시재개발법)에 의한 재건축(재개발)조합원이 새로이 준공된 재건축(재개발)아파트를 양도할 경우 양도차익의 산출방식을

다음과 같이 재건축(재개발)사업 단계별로 구분해 합산 · 계산하도록 그
방법을 신설하여 명확히 했다.

신축아파트의 양도일 현재 기준시가―신축아파트 준공일 현재 기준시가

서울 및 신도시지역의 신축주택 취득에 대한 양도소득세 감면폐지(조
세특례제한법 제99조의 3 제1항)

서울시와 경기도의 분당 · 일산 · 평촌 · 산본 · 중동의 5개 신도시 및
과천시 지역에서 신축주택을 2002년 12월 31일 이전까지 주택건설업자
와 최초로 매매계약을 체결하고 계약금을 납부한 자가 취득한 주택을 그
취득한 날로부터 5년 이내에 양도할 경우에는 양도소득세를 전액 면제
받는다.

여기서 말하는 신축주택 중 양도소득세가 과세되는 고급주택은 제외
되며 이 같은 혜택은 2003년 1월 1일부터 폐지됐다. 다만 위에 규정한 이
외의 지역에서 신축주택을 2003년 6월 30일 이전까지 매매계약을 체결
하고 계약금을 납부한 사람이 취득한 주택에 대한 양도소득세의 감면혜

택은 계속 주어진다.

자경농지에 대한 양도세 감면요건 완화(조세특례제한법 제69조 1항)

　자경농지에 대한 양도소득세 감면요건을 완화해 농업진흥지역 내에서 5년 이상 자경한 농지를 농업기반공사나 농업법인에게 양도하는 경우에는 양도소득세를 면제해 준다.

배우자의 증여재산 공제한도 축소(상속세 및 증여세법 제53조)

　배우자로부터 재산을 증여받은 경우 적용할 공제한도는 2002년 12월 31일까지는 10년간 합산해 5억 원이 면세한도였다. 그러나 2003년 1월 1일 이후 배우자로부터 증여받는 재산에 대해서는 면세한도가 3억 원으로 축소됐다.